# Leonardo 1

## Mathematik

Herausgegeben von
Doris Mosel-Göbel und Martin Stein

Erarbeitet von
Caroline Armbruster, Claudia Brall,
Christa Greven, Heidrun Grottke,
Barbara Hägele-Gulde, Gabriele Hinze,
Brigitte Hölzel, Ursula Keunecke,
Anette König-Wienand, Klaus Rödler
und Gisela Schobbe



Verlag Moritz Diesterweg
Frankfurt am Main

# Ich bin ein Schulkind

Ziffern schreiben; zählen; Bilder mit passenden Anzahlen malen.

 ISBN 3-425-02283-0

1 ..... Verbinde.

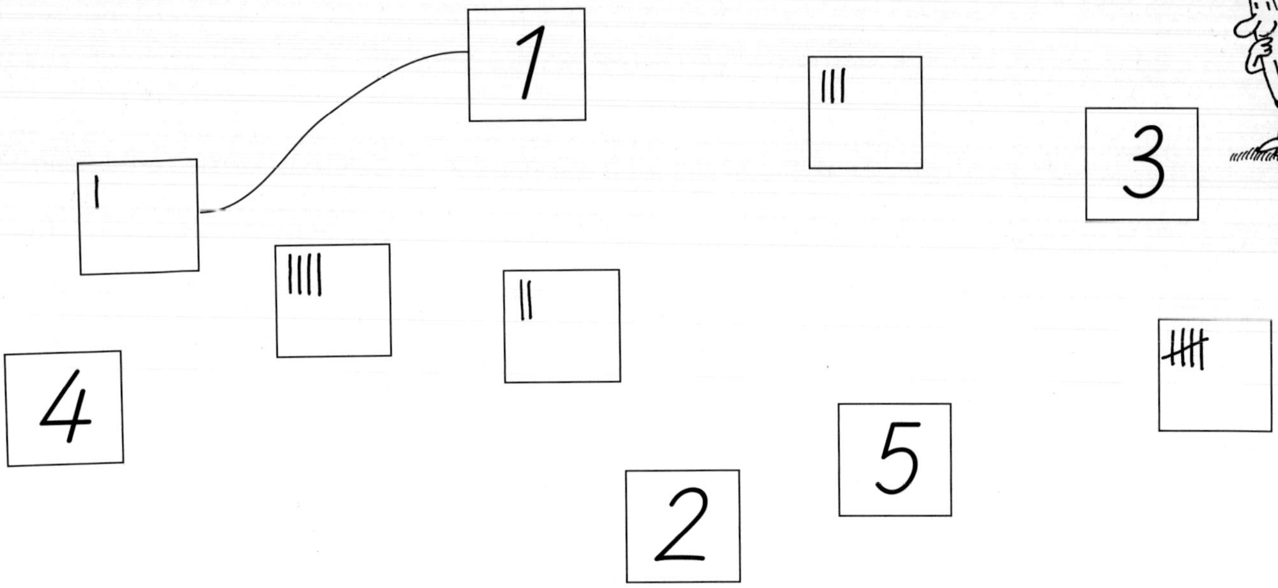


2 ..... Schreibe.

3 ..... Kreise ein.

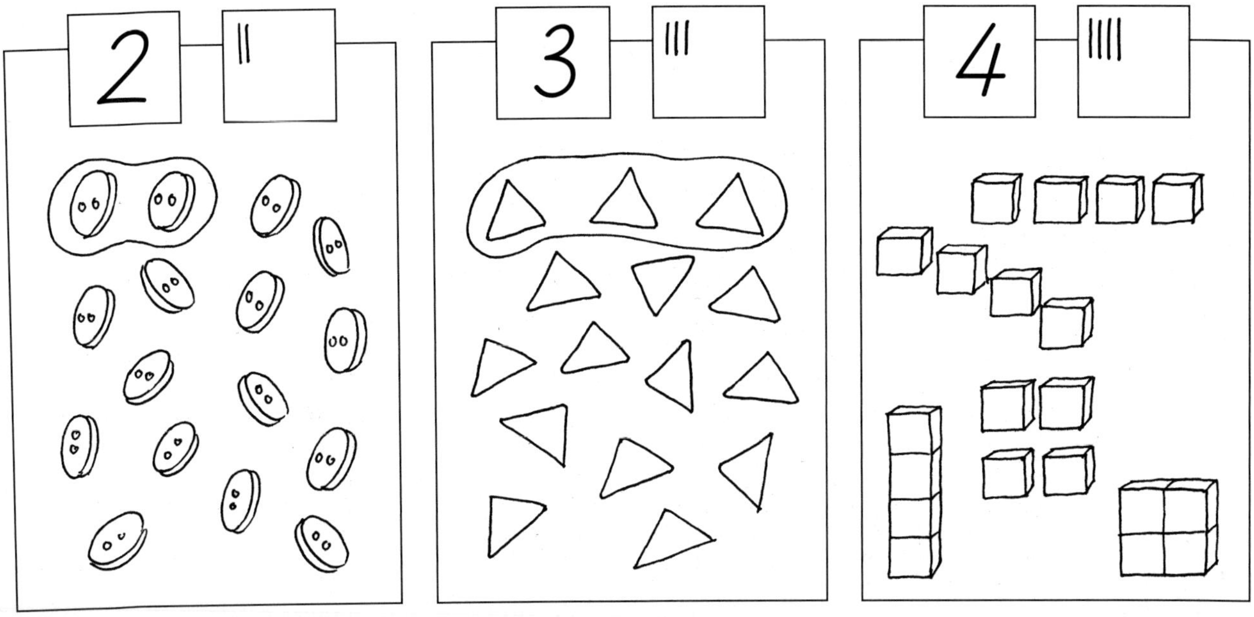


 ISBN 3-425-02283-0

Strichliste und Zahl verbinden; Strichlisten schreiben; passende Mengen einkreisen.

**1 .....** Zähle.

**2 .....** Male und schreibe.

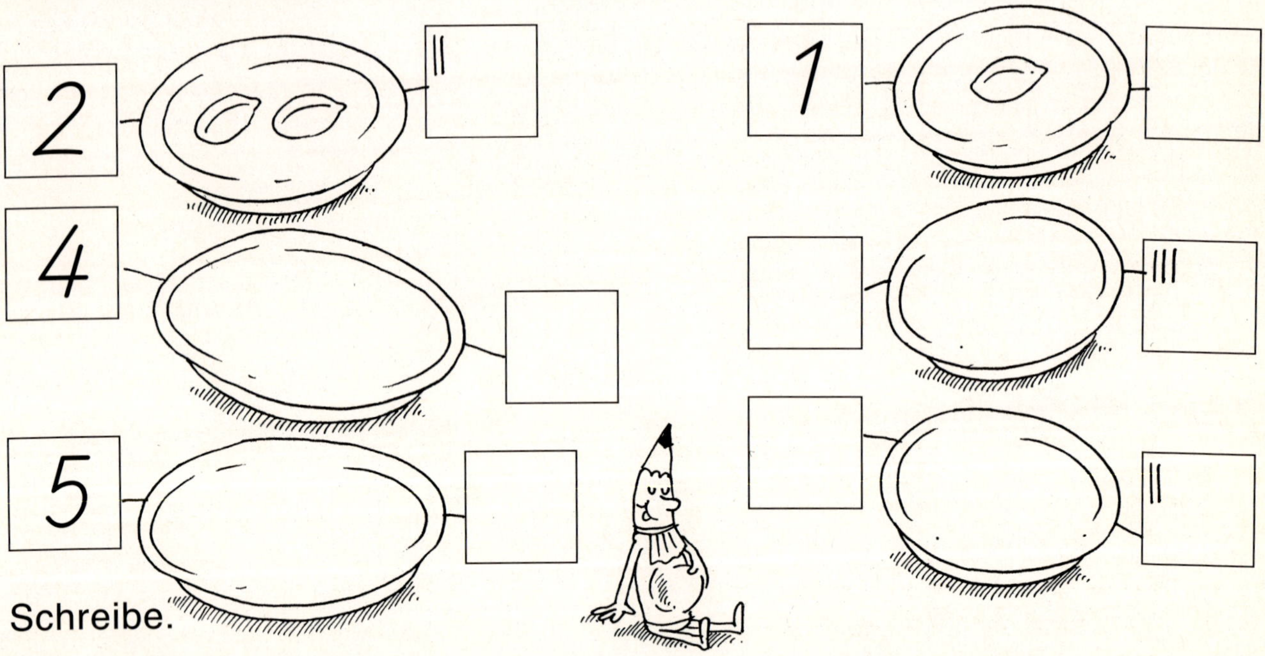


**3 .....** Schreibe.

 ISBN 3-425-02283-0



Zählen; passende Anzahl Pflaumen malen; Strichlisten schreiben.

**1 .....** Verbinde.

**2 .....** Male.

**3 .....** Immer 7.

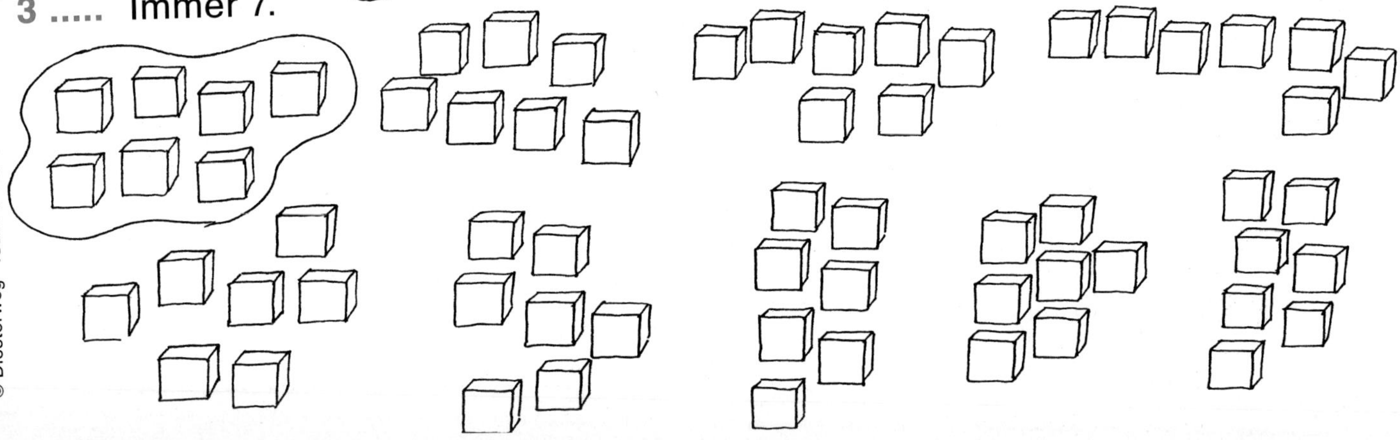

 ISBN 3-425-02283-0

Strichliste und Zahl verbinden; Bilder mit passenden Anzahlen malen; immer sieben Würfel einkreisen.

# In der Klasse 1

**1 .....** Male.

| | |
|---|---|
|  | 𝍸 𝍸 𝍸 \|\| |
|  | \|\| |
|  | 𝍸 \|\| |
|  | 𝍸 𝍸 \|\|\|\| |

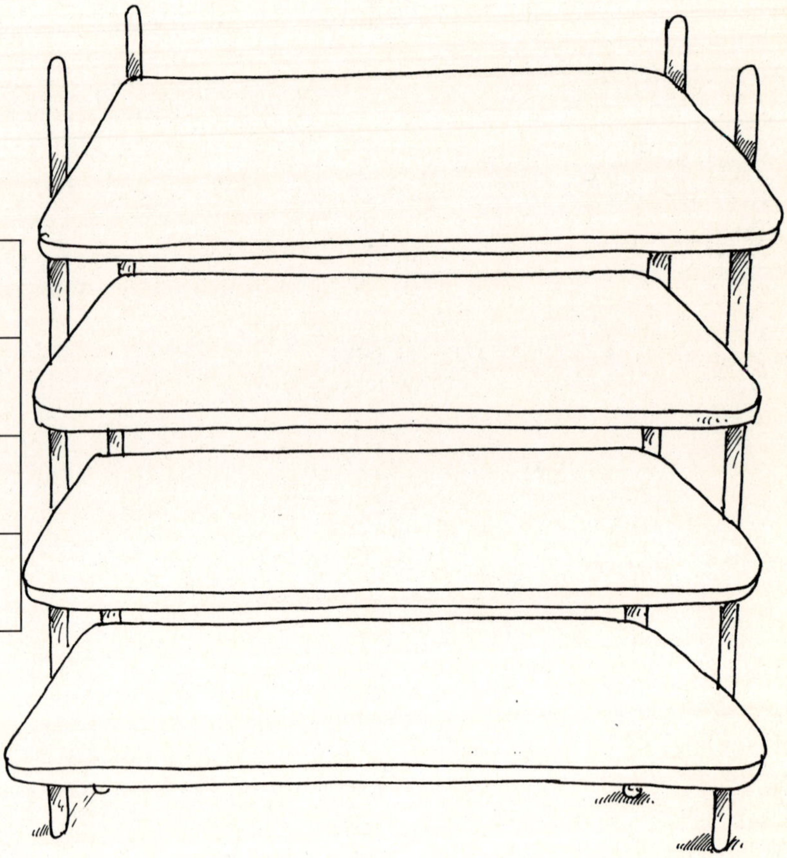

**2 .....** Zähle.

| | |
|---|---|
|  | |
|  | |
|  | |
|  | |

© Diesterweg ISBN 3-425-02283-0



Passende Anzahlen ins Regal malen; Gegenstände zählen, Strichlisten oder Zahlen schreiben.

 ISBN 3-425-02283-0

Ziffern schreiben; passende Anzahlen in Gläser malen.

**1 .....** Verbinde.

**2 .....** Male.

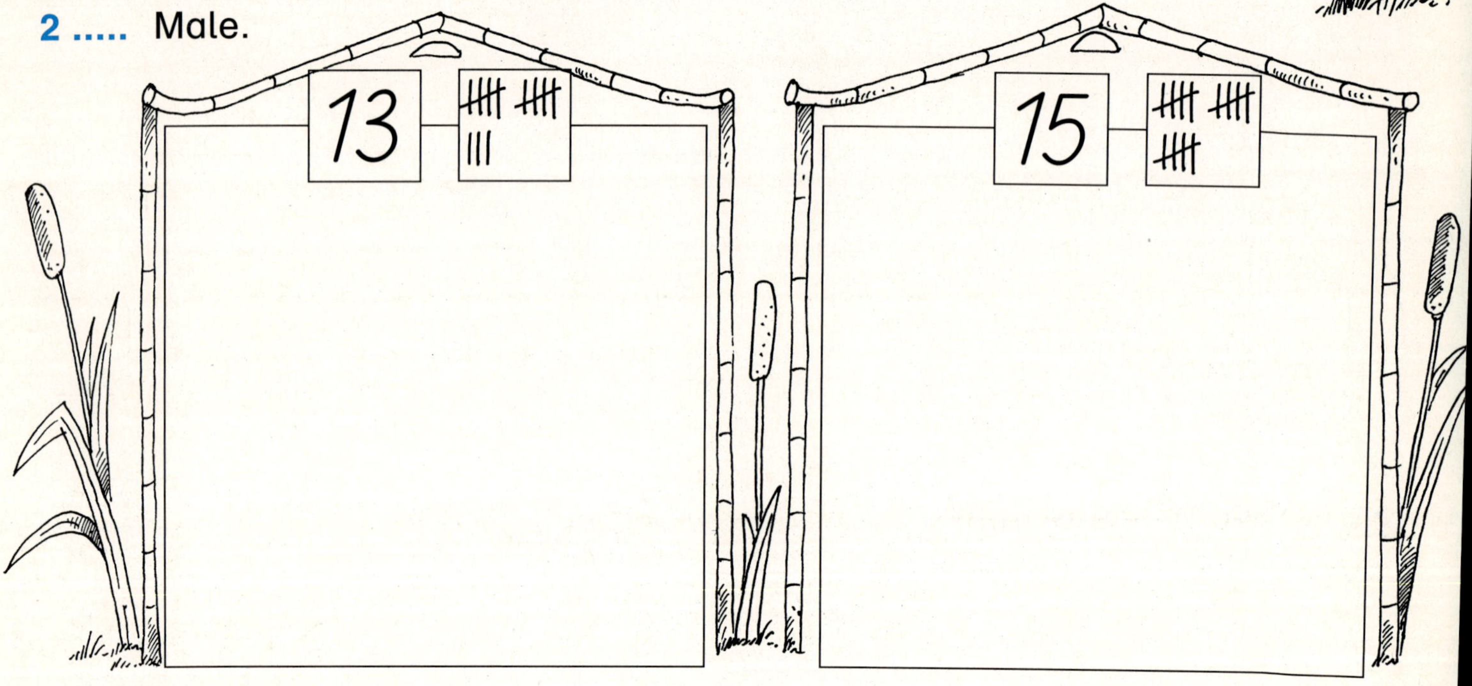


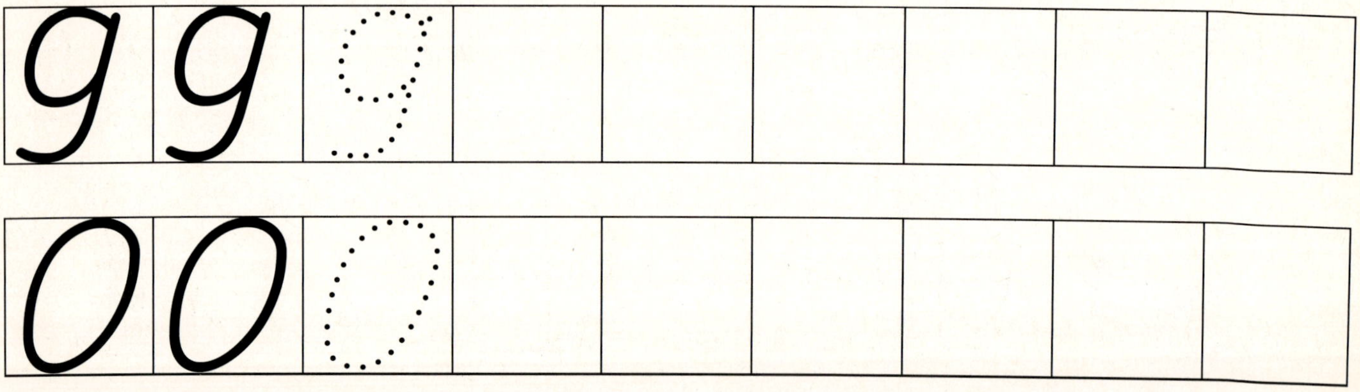


© Diesterweg ISBN 3-425-02283-0



Strichliste und Zahl verbinden; Bilder mit passenden Anzahlen malen; Ziffern schreiben.

**1 .....** Verbinde.

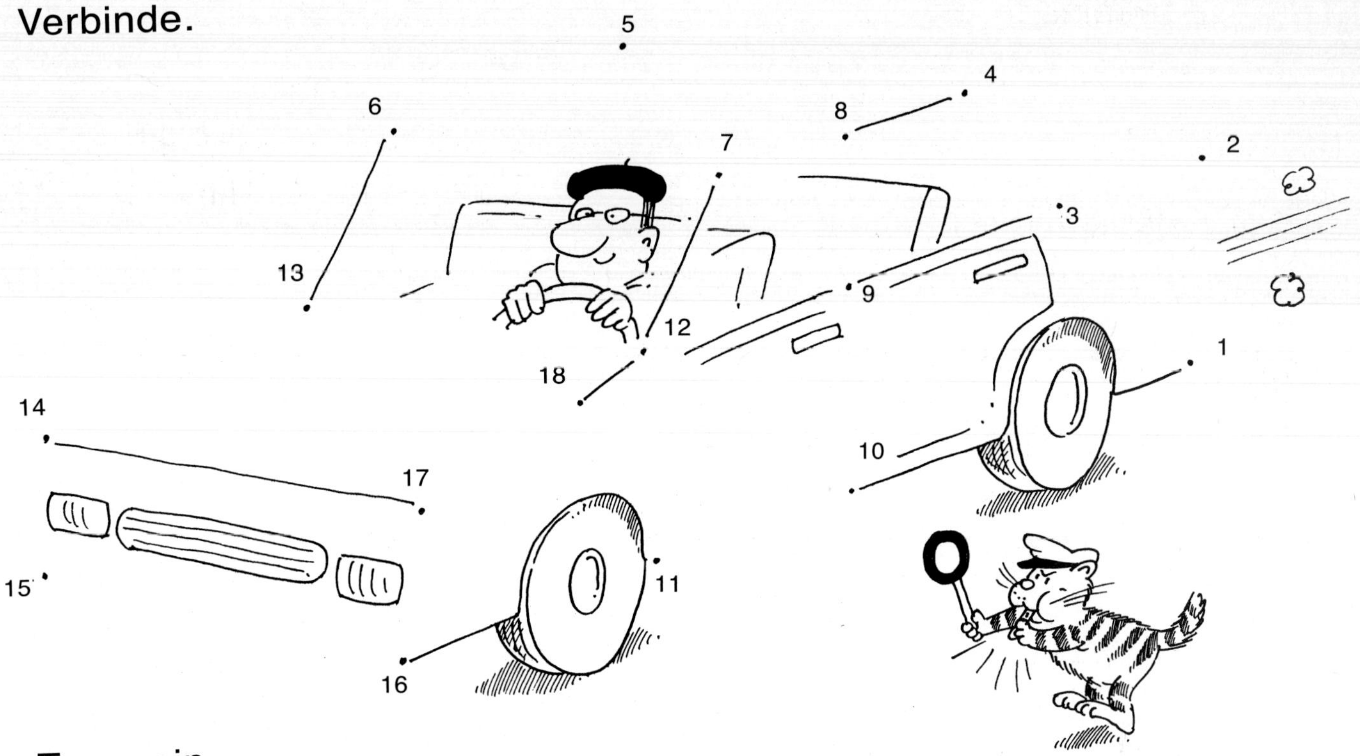


**2 .....** Trage ein.

| | | |
|---|---|---|
| | | 10 |

| | | |
|---|---|---|
| | | |

| | | |
|---|---|---|
| | 15 | |

| | | |
|---|---|---|
| | | 4 |

| | | |
|---|---|---|
| | 1 | |

**3 .....** Schreibe und male.

© Diesterweg ISBN 3-425-02283-0

Zahlen von 1 bis 18 verbinden; Vorgänger und Nachfolger finden; Ziffern schreiben, Felder mit der gleichen Ziffer in der gleichen Farbe ausmalen

# In der Bauecke

**1 .....** Baue und schreibe.

Bauwerke nachbauen; Wendekarten zuordnen; Zahlen oder Strichlisten eintragen.


ISBN 3-425-02283-0

## 1 ..... Immer 5.

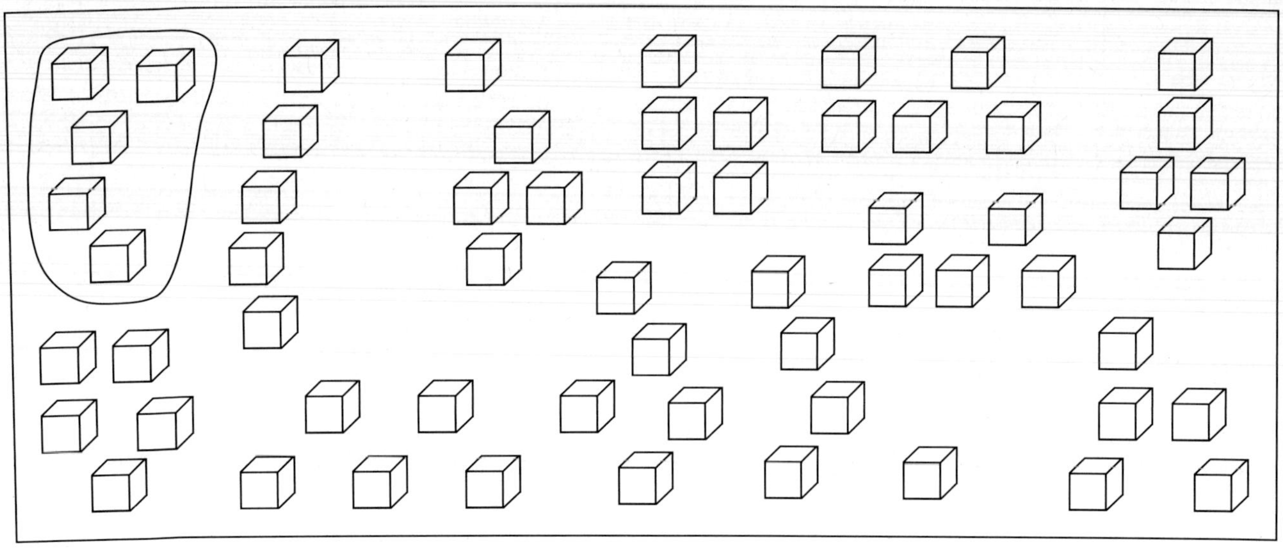

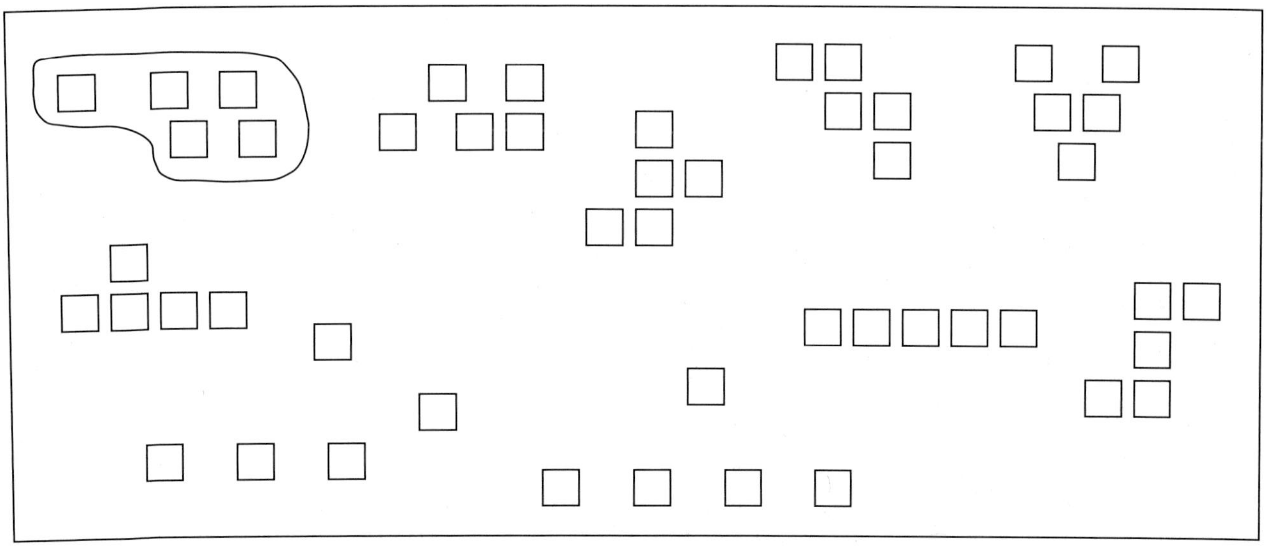

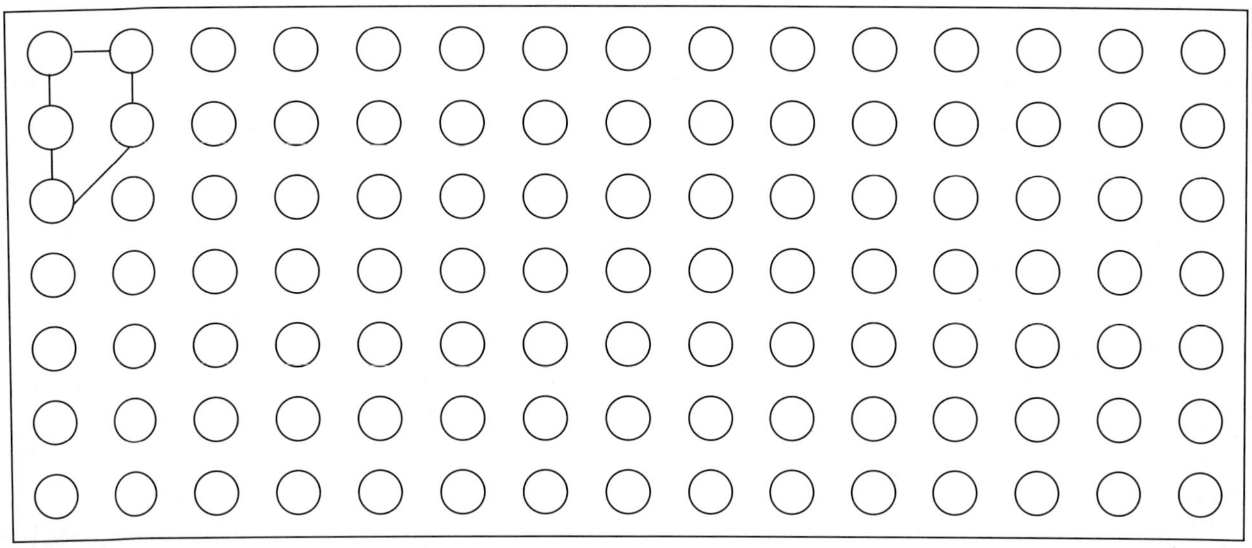

 ISBN 3-425-02283-0

Immer fünf Würfel oder Quadrate einkreisen; immer fünf Kreise durch Verbindungslinien zusammenfassen.

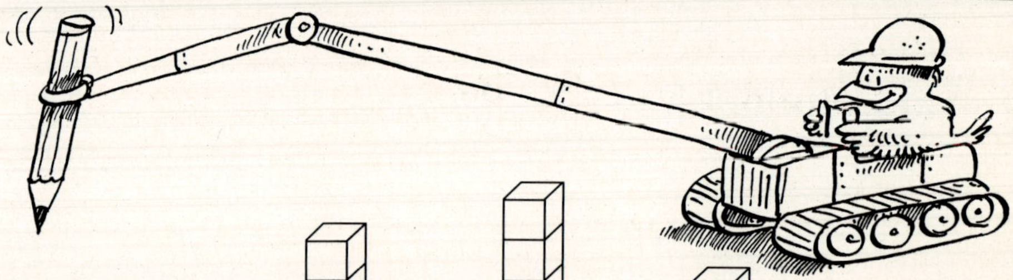

**1 .....** Baue und schreibe.

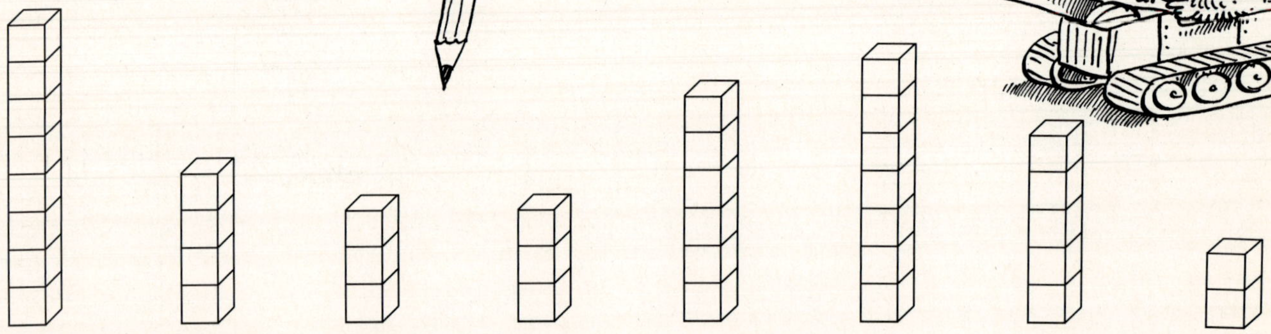

**2 .....** Trage <, > oder = ein.

| | | | |
|---|---|---|---|
| 8 ◯ 2 | 3 ◯ 6 | 5 ◯ 5 | 4 ◯ 7 |
| 8 ◯ 8 | 7 ◯ 3 | 8 ◯ 7 | 4 ◯ 2 |
| 0 ◯ 8 | 5 ◯ 3 | 5 ◯ 0 | 7 ◯ 4 |
| 8 ◯ 5 | 3 ◯ 13 | 5 ◯ 10 | 5 ◯ 7 |
| 5 ◯ 8 | 3 ◯ 3 | 5 ◯ 20 | 9 ◯ 1 |

**3 .....** Trage ein.

**4 .....** Zeichne nach.

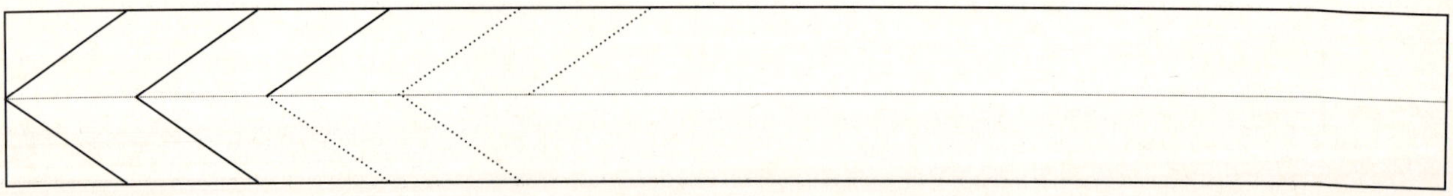

© Diesterweg ISBN 3-425-02283-0



Würfeltürme bauen, Zahlenkarten zuordnen, Zahlen und Relationszeichen eintragen; Relationszeichen schreiben.

**1 .....** Baue und schreibe.

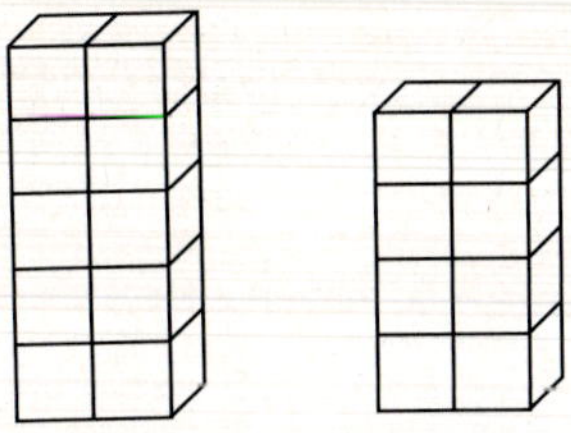
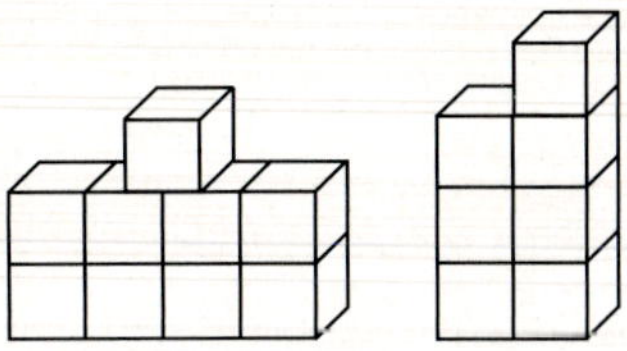

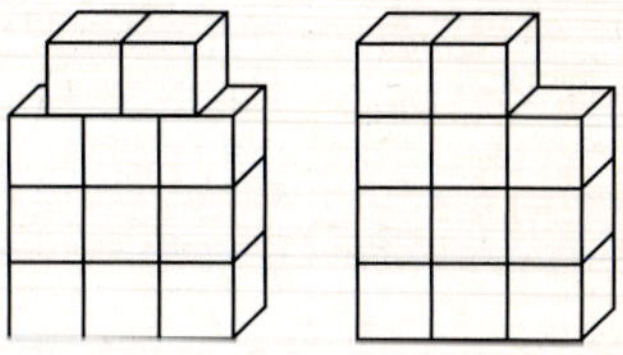

**2 .....** Trage <, > oder = ein.

| | | | |
|---|---|---|---|
| 10 ◯ 9 | 7 ◯ 7 | 11 ◯ 10 | 11 ◯ 9 |
| 10 ◯ 11 | 7 ◯ 8 | 10 ◯ 8 | 12 ◯ 8 |

**3 .....** Finde selbst.

| | | | |
|---|---|---|---|
| 0 < 1 | 9 = 9 | 11 > 10 | 5 > ___ |
| 0 < ___ | ___ = ___ | ___ > ___ | 5 > ___ |
| 0 < ___ | ___ = ___ | ___ > ___ | 5 < ___ |
| ___ < ___ | ___ = ___ | ___ > ___ | 5 < ___ |

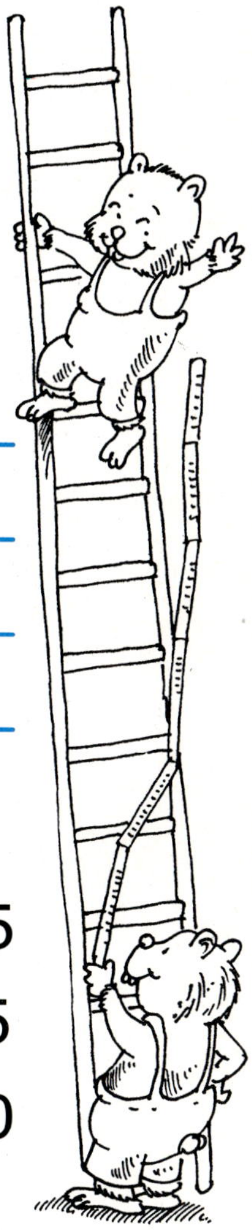

**4 .....** Trage <, > oder = ein.

| | | | |
|---|---|---|---|
| 5 ◯ 8 | 2 ◯ 0 | 4 ◯ 7 | 20 ◯ 15 |
| 15 ◯ 18 | 12 ◯ 10 | 14 ◯ 17 | 20 ◯ 5 |
| 15 ◯ 15 | 10 ◯ 12 | 17 ◯ 4 | 20 ◯ 20 |

**5 .....** Zeichne nach.

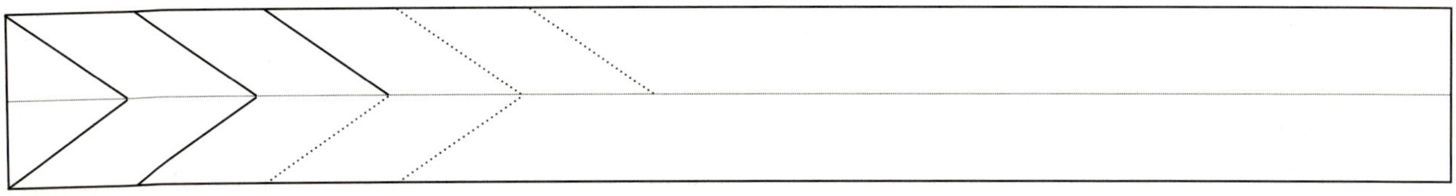

 ISBN 3-425-02283-0

Würfelgebäude bauen, Zahlenkarten zuordnen, Zahlen und Relationszeichen eintragen; Beziehungen zwischen Zahlen erkennen; Relationszeichen schreiben.

# Spiele zum Zerlegen

1 ..... Trage ein.

2 ..... Trage ein.

3 ..... Trage ein. Male.

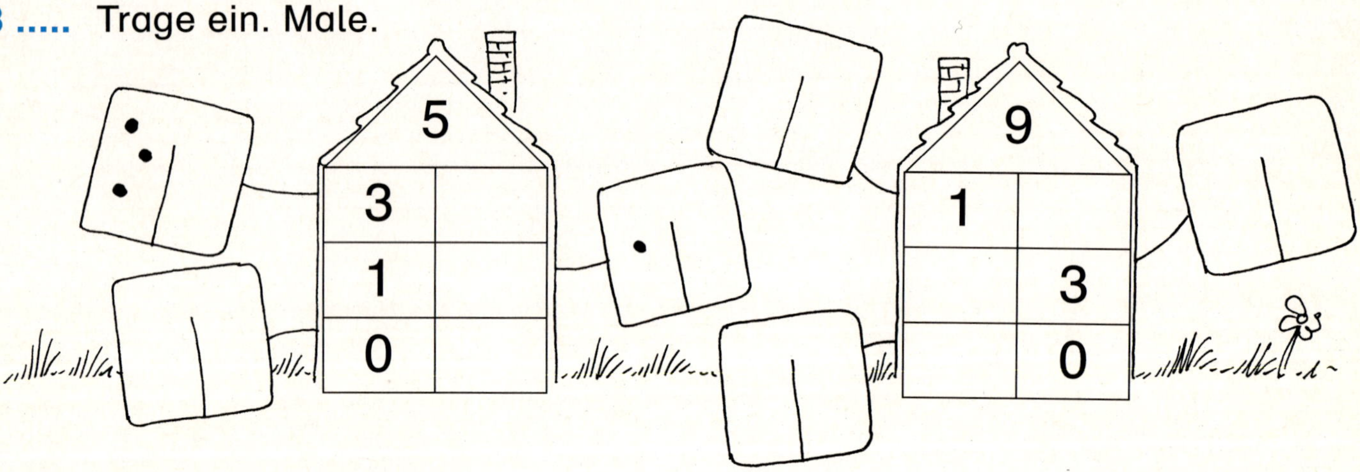


4 ..... Trage ein. Verbinde.

 ISBN 3-425-02283-0



Zahlen zerlegen; Zerlegungsbilder übertragen; Zerlegungshäuser ausfüllen; Verbindungen einzeichnen; Zerlegungen im Schüttelkasten malen.

**1** ..... Male und trage ein.

| | | |
|---|---|---|
| 4 + 3 | □ □ □ □ □ □ □ | 3 + ___ |
| 3 + 5 | □ □ □ □ □ □ □ □ | ___ + ___ |
| 7 + 1 | □ □ □ □ □ □ □ □ | ___ + ___ |
| 5 + 2 | □ □ □ □ □ □ □ | ___ + ___ |
| 3 + 6 | □ □ □ □ □ □ □ □ □ | ___ + ___ |
| 2 + 8 | □ □ □ □ □ □ □ □ □ □ | ___ + ___ |
| 7 + ___ | □ □ □ □ □ □ □ □ □ □ | ___ + ___ |

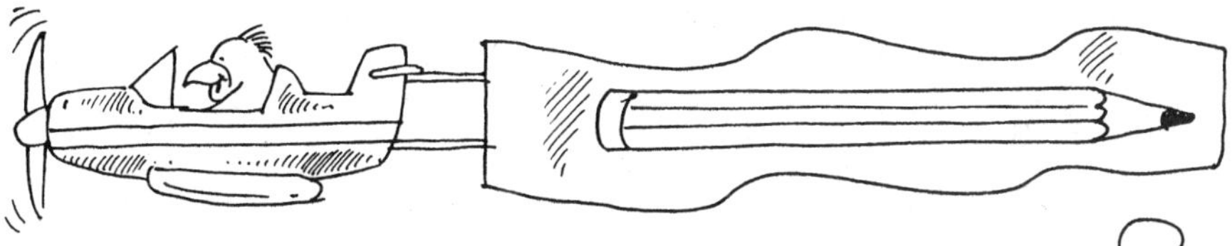

**2** ..... Male und trage ein.

9

| | | |
|---|---|---|
| 4 + 5 | □ □ □ □ □ □ □ □ □ | 5 + |
| 7 + | □ □ □ □ □ □ □ □ □ | |
| | □ □ □ □ □ □ □ □ □ | 0 + |
| 1 + | □ □ □ □ □ □ □ □ □ | |

10

| | | |
|---|---|---|
| 1 + | □ □ □ □ □ □ □ □ □ □ | |
| + 5 | □ □ □ □ □ □ □ □ □ □ | |
| | □ □ □ □ □ □ □ □ □ □ | 2 + |
| | □ □ □ □ □ □ □ □ □ □ | + 10 |

 ISBN 3-425-02283-0

Aufgaben und Tauschaufgaben notieren; Plättchen zur Zerlegung passend ausmalen.

**8**

| | |
|---|---|
| 4 | |
| 6 | |
| 8 | |
| 2 | |
| 5 | |
| 0 | |
| 7 | |
| 1 | |
| 3 | |

**9**

| | |
|---|---|
| 9 | |
| 8 | |
| 7 | |
| 6 | |
| 5 | |
| 4 | |
| 3 | |
| 2 | |
| 1 | |
| 0 | |

**10**

| | |
|---|---|
| 10 | |
| | 5 |
| | 2 |
| | 4 |
| | 7 |
| 2 | |
| 0 | |
| 1 | |
| | 6 |
| | 3 |
| 9 | |

| | |
|---|---|
| 3 | 4 |
| | 3 |
| 2 | |
| 5 | |
| | 6 |
| | 1 |
| 0 | |
| | |

| | |
|---|---|
| 3 | 1 |
| | 0 |
| 2 | |
| | 4 |
| | |

| | |
|---|---|
| 3 | |
| 2 | 4 |
| | 2 |
| 1 | |
| | 1 |
| 0 | |
| 6 | |

| | |
|---|---|
| 5 | |
| 0 | |
| 2 | |
| 1 | 4 |
| 4 | |
| | 2 |

 ISBN 3-425-02283-0



Zahlen zerlegen; Zerlegungshäuser ausfüllen.

**1 .....** Male mit zwei Farben aus. Schreibe auf.

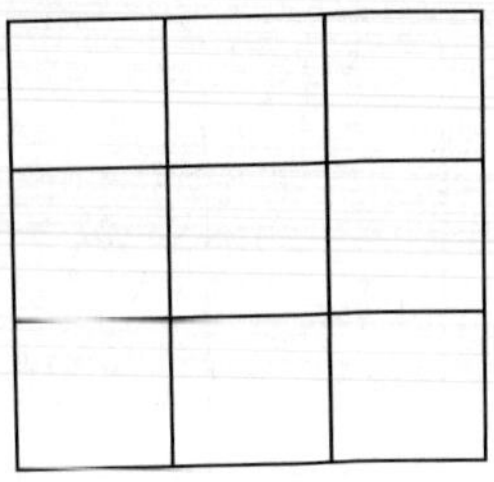

9 + 0
0 + ___

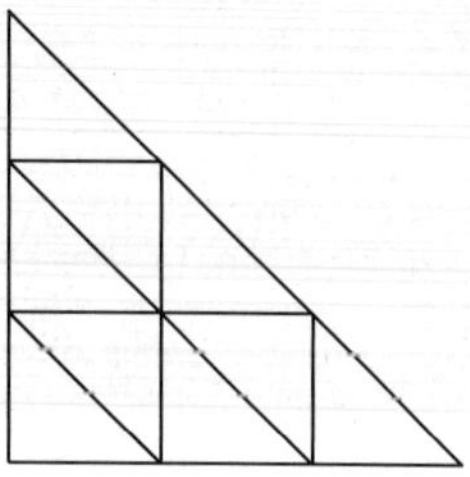

4 + ___
___ + ___

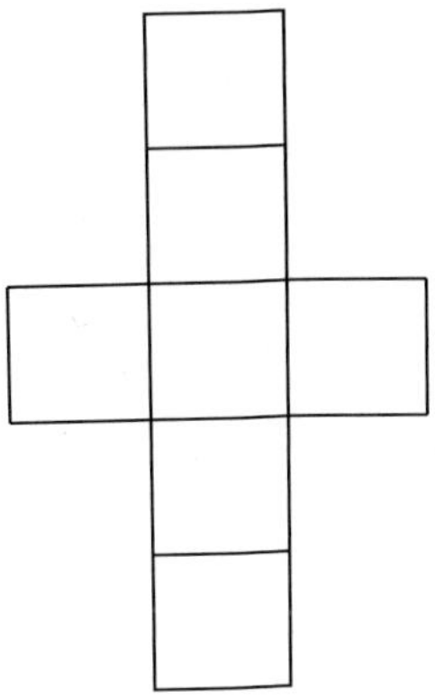

___ + 5
___ + ___

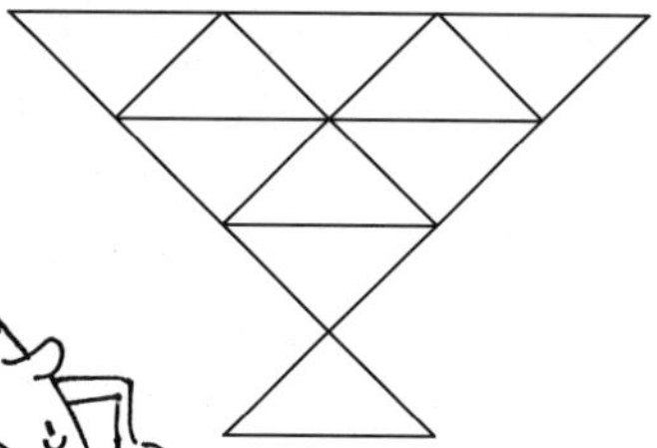

1 + ___
___ + ___

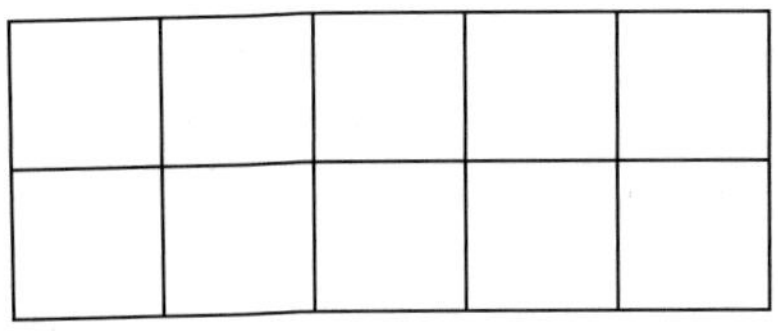

___ + 6
___ + ___

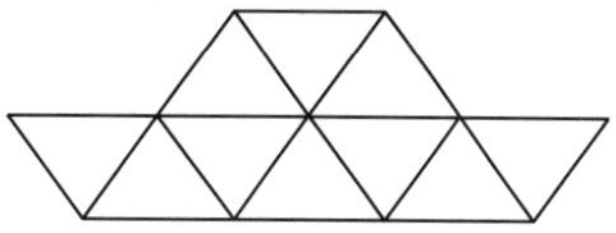

3 + ___
___ + ___

**2 .....** Trage ein.

| 9 | |
|---|---|
| 0 | |
| | 8 |
| 3 | |
| | 0 |

| | |
|---|---|
| | 6 |
| 7 | |
| | 2 |
| 1 | 9 |

| 6 | |
|---|---|
| | 0 |
| | 6 |
| | 4 |
| | 2 |

 ISBN 3-425-02283-0

Muster passend ausmalen; Aufgabe und Tauschaufgabe notieren; Zahlenhäuser ausfüllen.

# Herbst

1 ..... Zeichne nach. Setze fort.

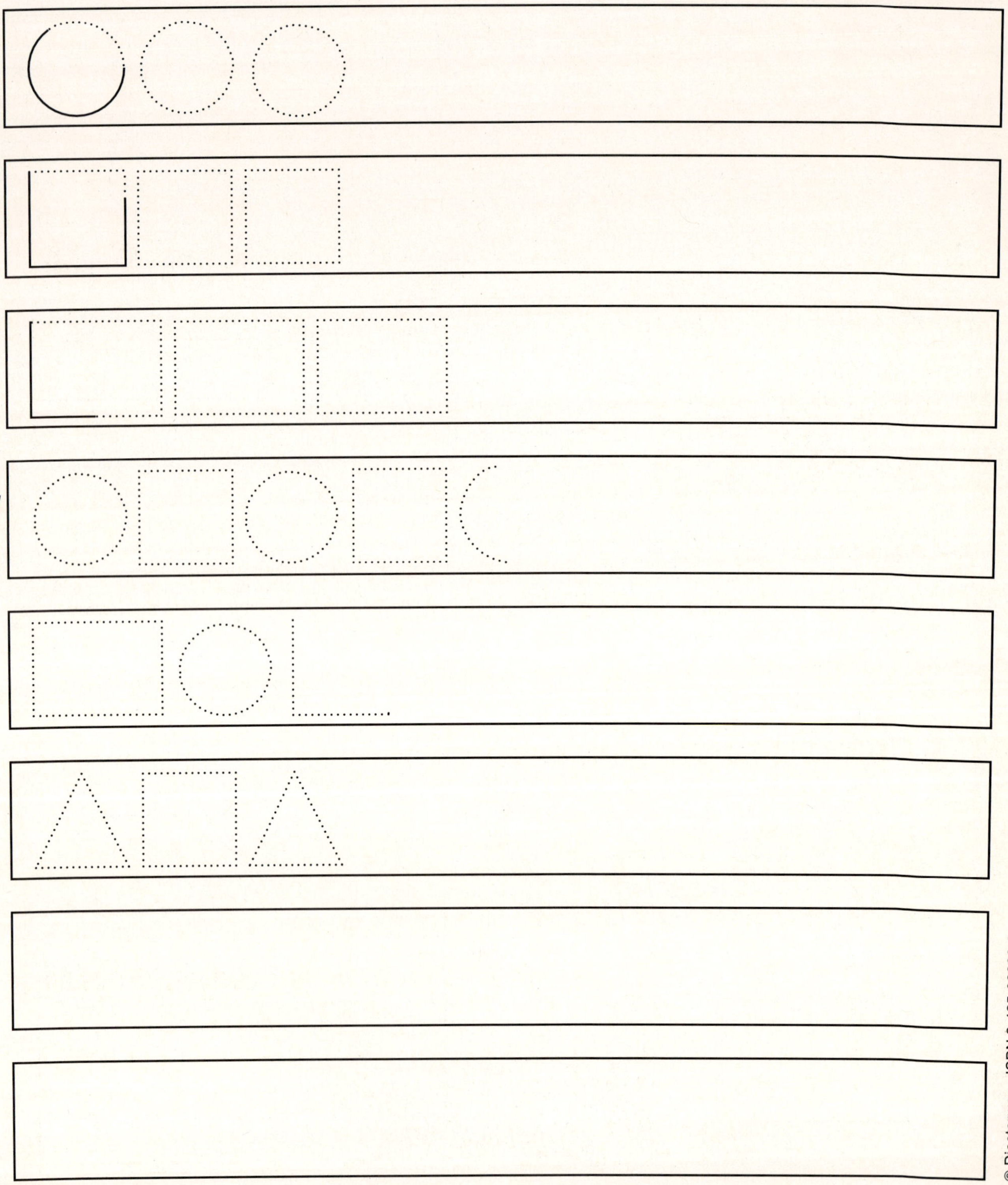

© Diesterweg ISBN 3-425-02283-0



Formen nachzeichnen, Reihen fortsetzen; eigene Muster finden.

**1 .....** Lege aus und trage in die Tabelle ein.

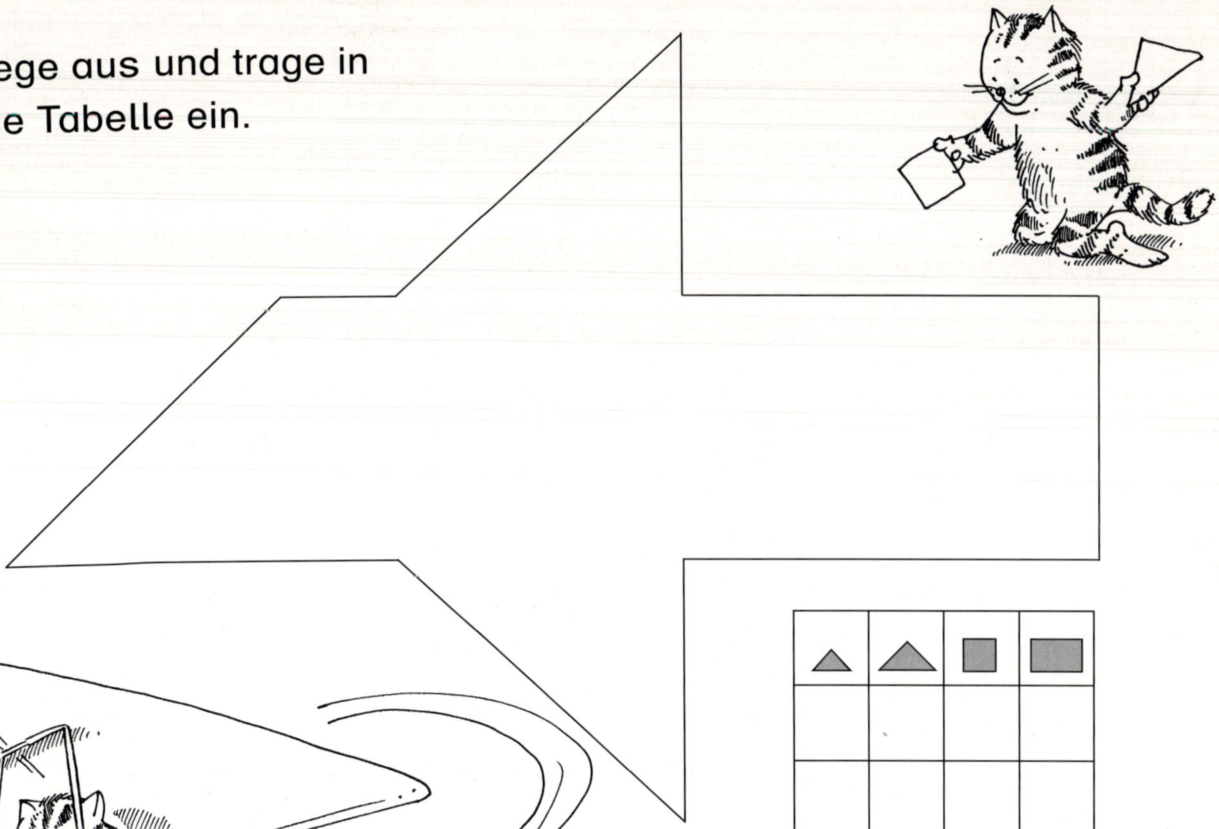

| ▲ | ▲ | ■ | ▬ |
|---|---|---|---|
| | | | |
| | | | |
| | | | |

| ▲ | ▲ | ■ | ▬ |
|---|---|---|---|
| | | | |
| | | | |
| | | | |

**2 .....** Zeichne in die Figuren ein.

© Diesterweg ISBN 3-425-02283-0

Figuren mit Plättchen auslegen, Zahl der benötigten Plättchen in die Tabelle eintragen; weitere Möglichkeiten finden; eine Möglichkeit einzeichnen.

# Das Plus-Minus-Haus

1 ..... Plus oder Minus?

2 + 2

2 + 2 = 4

______ ______

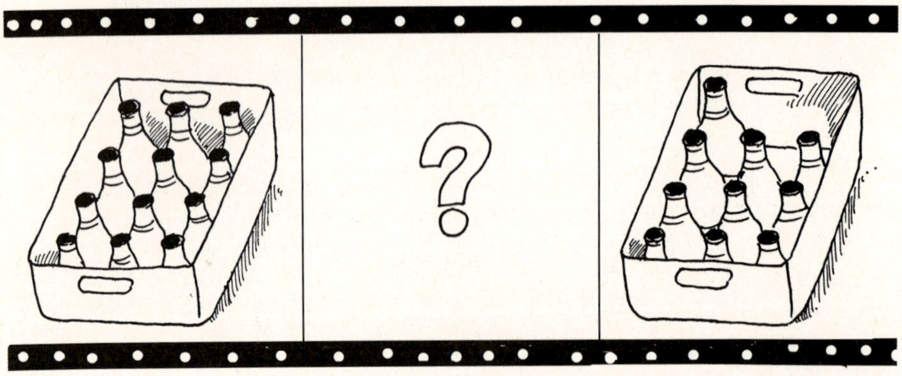

______ ______

 ISBN 3-425-02283-0



Vorgänge als Plus- oder Minus-Geschichte deuten; Terme und Gleichungen schreiben.

**1** ..... Male und rechne.

$3 + 2 =$ ___

$6 + 3 =$ ___

$15 + 2 =$ ___

**2** ..... Lege und rechne.

| | | |
|---|---|---|
| $2 + 5 =$ ___ | $12 + 3 =$ ___ | $13 + 6 =$ ___ |
| $6 + 4 =$ ___ | $14 + 2 =$ ___ | $11 + 5 =$ ___ |

**3** ..... Schreibe die Aufgabe und rechne.

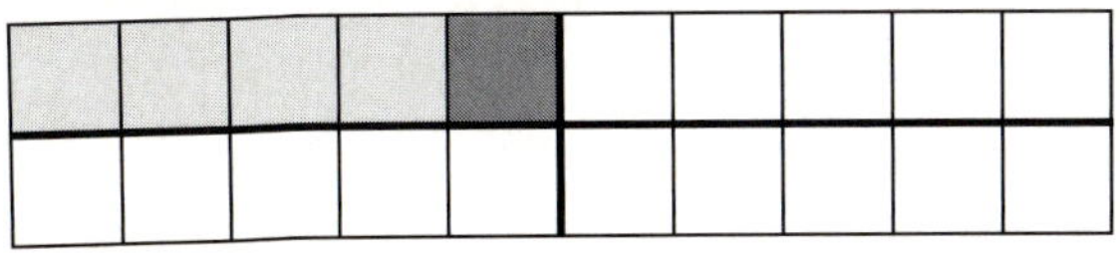

___

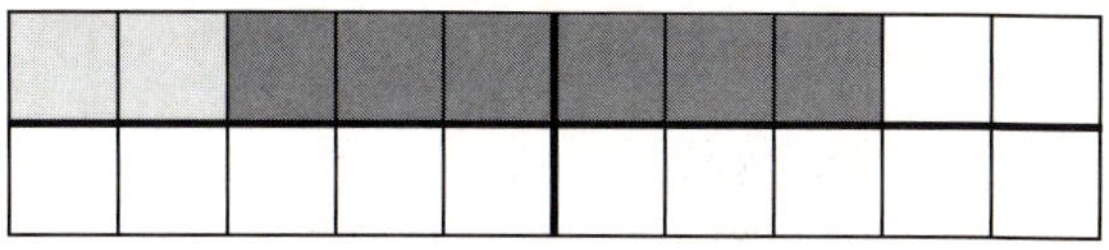

___

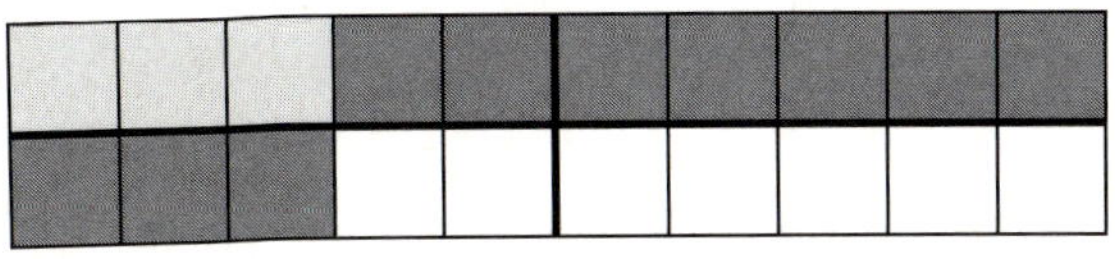

___

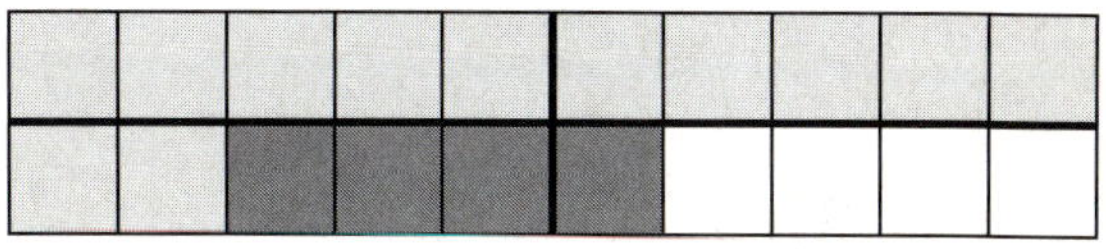

___

**4** ..... Wie viele musst du hinzutun?

| | | |
|---|---|---|
| $5 +$ ___ $= 10$ | $15 +$ ___ $= 20$ | $13 +$ ___ $= 17$ |
| $6 +$ ___ $= 10$ | $17 +$ ___ $= 20$ | $4 +$ ___ $= 9$ |
| $4 +$ ___ $= 10$ | $11 +$ ___ $= 20$ | $18 +$ ___ $= 20$ |

 ISBN 3-425-02283-0

Additionsaufgaben im Zwanzigerfeld legen, malen und rechnen; passende Additionsaufgaben schreiben; Ergänzungsaufgaben mit Hilfe des Zwanzigerfelds lösen.

**1 .....** Male, streiche weg und rechne.

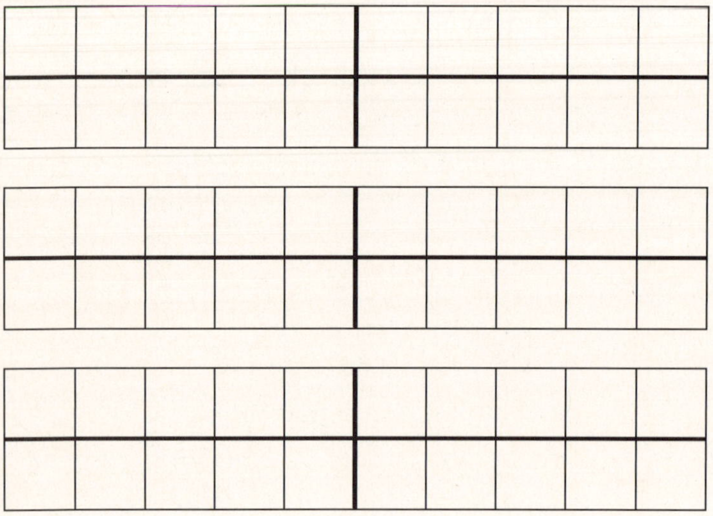

10 – 7 = ___

8 – 4 = ___

16 – 3 = ___

**2 .....** Lege, nimm weg und rechne.

7 – 4 = ___  9 – 6 = ___  15 – 3 = ___

6 – 3 = ___  8 – 2 = ___  17 – 5 = ___

**3 .....** Schreibe die Aufgabe und rechne.

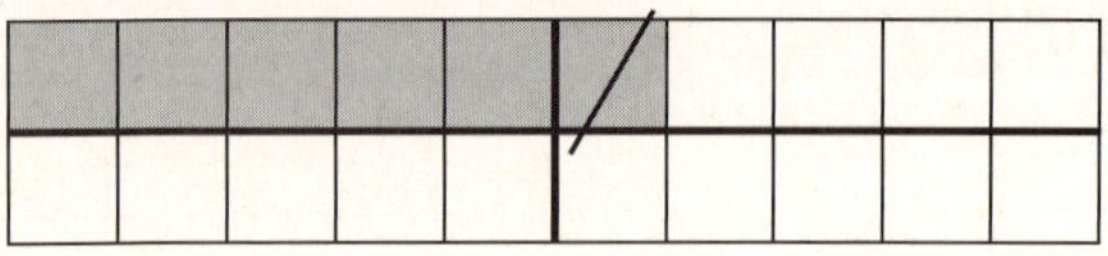

___________

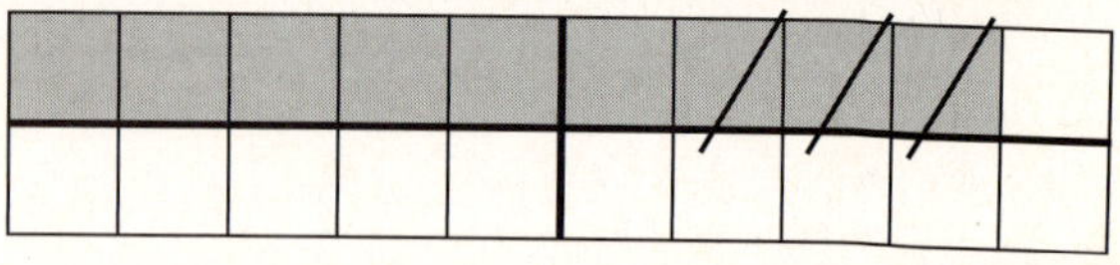

___________

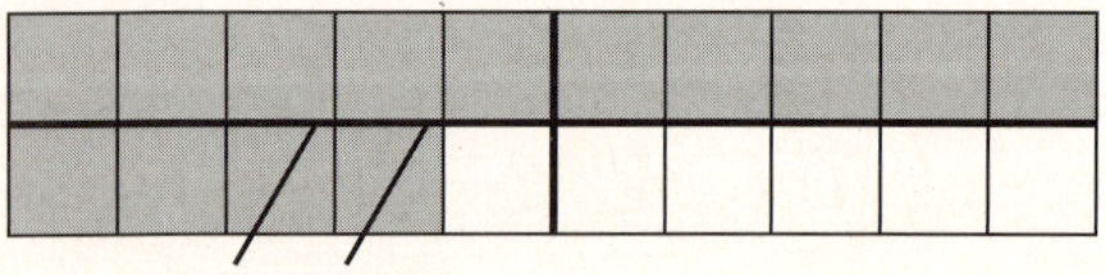

___________

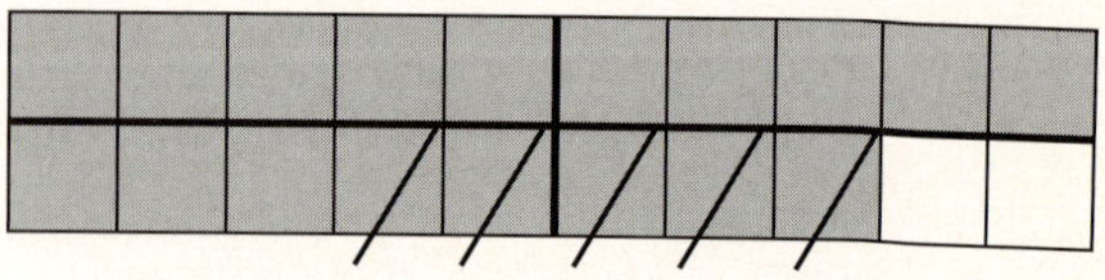

___________

**4 .....** Wie viele musst du wegnehmen?

15 – ___ = 10  5 – ___ = 0  18 – ___ = 11

16 – ___ = 10  7 – ___ = 0  14 – ___ = 14

14 – ___ = 10  11 – ___ = 0  20 – ___ = 18

© Diesterweg ISBN 3-425-02283-0



Subtraktionsaufgaben im Zwanzigerfeld legen, malen und rechnen; passende Subtraktionsaufgaben schreiben; Subtraktionsaufgaben mit Hilfe des Zwanzigerfelds lösen.

**1 .....** Rechne Minus-Aufgaben.

| | | |
|---|---|---|
| 7 – 2 = ___ | 8 – 1 = ___ | 10 – 1 = ___ |
| 7 – 3 = ___ | 8 – 3 = ___ | 10 – 2 = ___ |
| 7 – 5 = ___ | 8 – 5 = ___ | 10 – 5 = ___ |
| 7 – 7 = ___ | 8 – 7 = ___ | 10 – 7 = ___ |

**2 .....** Rechne Plus-Aufgaben.

| | | |
|---|---|---|
| 4 + 2 = ___ | 6 + 1 = ___ | 9 + 1 = ___ |
| 4 + 3 = ___ | 6 + 3 = ___ | 11 + 4 = ___ |
| 4 + 0 = ___ | 6 + 4 = ___ | 10 + 5 = ___ |
| 4 + 6 = ___ | 6 + 0 = ___ | 11 + 9 = ___ |

**3 .....** Rechne.

| | | |
|---|---|---|
| 10 + 3 = ___ | 5 + 2 = ___ | 13 – 10 = ___ |
| 13 – 3 = ___ | 16 – 4 = ___ | 7 + 12 = ___ |
| 11 + 2 = ___ | 12 + 4 = ___ | 13 + 7 = ___ |
| 18 – 5 = ___ | 9 – 4 = ___ | 17 – 7 = ___ |

**4 .....** Trage + oder – ein.

| | | |
|---|---|---|
| 13 (–) 3 = 10 | 7 ( ) 3 = 10 | 20 ( ) 8 = 12 |
| 10 ( ) 4 = 14 | 15 ( ) 2 = 17 | 6 ( ) 2 = 4 |
| 13 ( ) 5 = 18 | 10 ( ) 9 = 1 | 17 ( ) 2 = 19 |
| 15 ( ) 12 = 3 | 20 ( ) 20 = 0 | 19 ( ) 1 = 20 |

 ISBN 3-425-02283-0

# Klassenflohmarkt

**1 .....** Euro oder Cent?

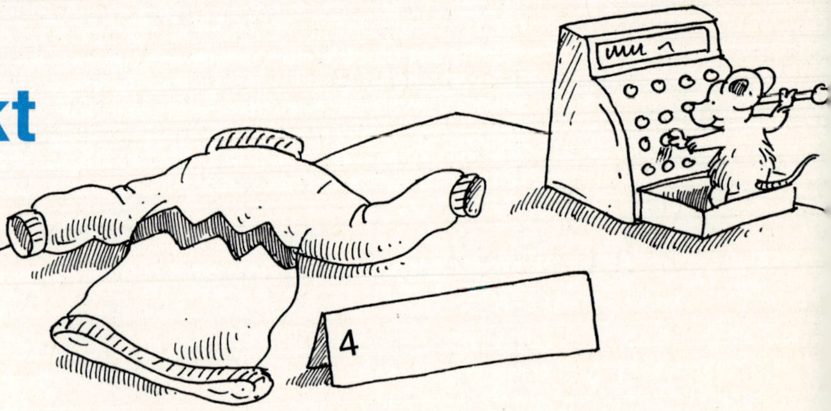


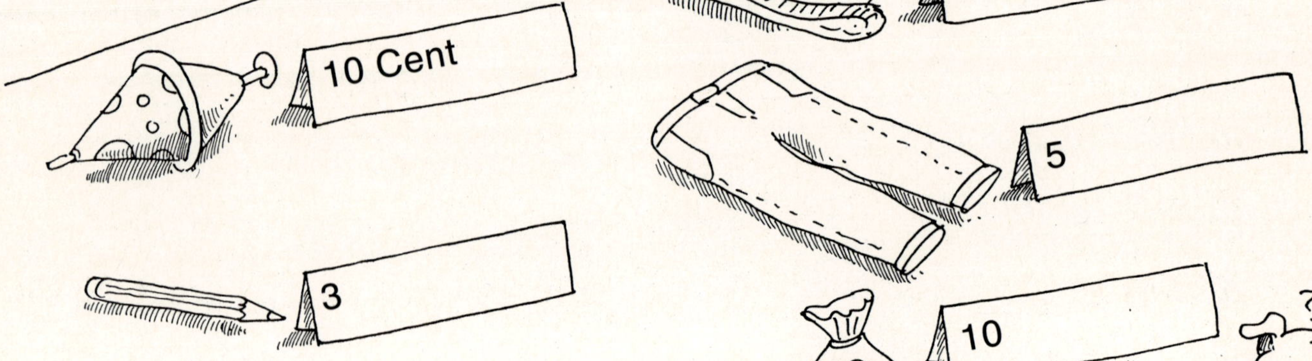

**2 .....** Lege und rechne.

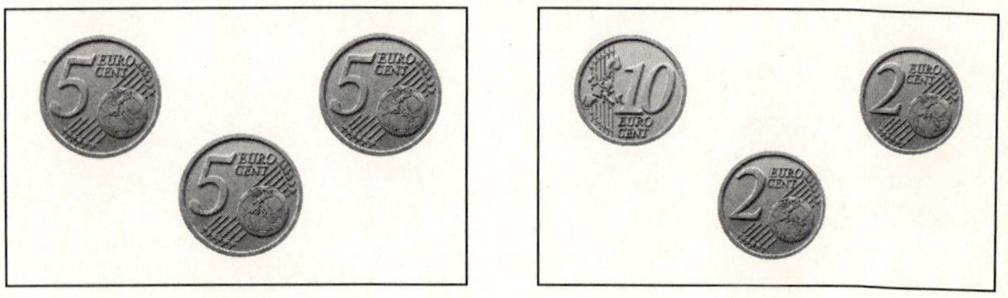





Euro oder Cent eintragen; Geldbeträge ausrechnen.

**1** ..... Lege und rechne.

4 € + 3 € = ____________ 5 Cent + 5 Cent = ____________

3 € + 5 € = ____________ 3 Cent + 4 Cent = ____________

6 € + 2 € = ____________ 12 Cent + 6 Cent = ____________

7 € + 0 € = ____________ 11 Cent + 8 Cent = ____________

**2** ..... Ergänze.

3 Cent + ____________ = 10 Cent 17 Cent + ____________ = 20 Cent

6 Cent + ____________ = 10 Cent 14 Cent + ____________ = 20 Cent

2 Cent + ____________ = 10 Cent 18 Cent + ____________ = 20 Cent

5 Cent + ____________ = 10 Cent 15 Cent + ____________ = 20 Cent

1 Cent + ____________ = 10 Cent 19 Cent + ____________ = 20 Cent

**3** ..... Immer 20 Cent. Finde verschiedene Lösungen. Male.

 ISBN 3-425-02283-0

**1 .....** Wie viel kostet das? Wie bezahlst du?

12 Cent + 8 Cent = ______

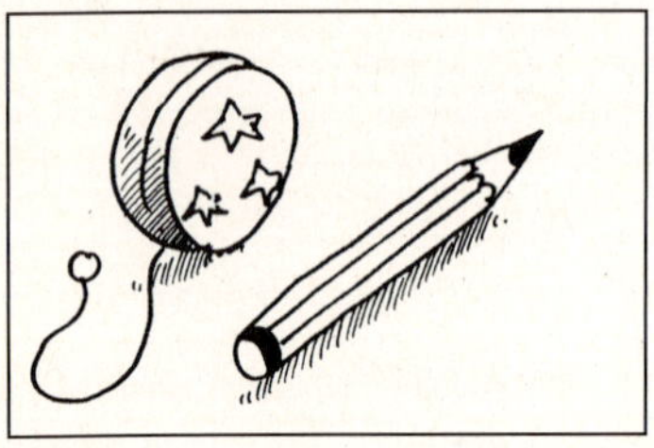

__ Cent + __ Cent = __ Cent

__ € + __ € = __ €

__ Cent + __ Cent = __ Cent



Preise berechnen, passende Münzen zeichnen.

 ISBN 3-425-02283-0

**1** ..... Wie viel kostet das?
Lea hat 15 Cent. Was kann Lea kaufen?

8 Cent + 10 Cent = ____________

18 Cent > 15 Cent

____ Cent + ____ Cent = ____ Cent

____________ ◯ 15 Cent

____ € + ____ € = ____ €

____________ ◯ 15 Cent

**2** ..... Lege, wechsle und rechne.

10 € – 3 € = ________________ 20 Cent – 3 Cent = ________________

10 € – 6 € = ________________ 20 Cent – 6 Cent = ________________

10 € – 2 € = ________________ 20 Cent – 2 Cent = ________________

**3** ..... Lege, wechsle und rechne.

7 Cent – 4 Cent = ______________ 17 Cent – 5 Cent = ______________

9 Cent – 9 Cent = ______________ 19 Cent – 9 Cent = ______________

8 Cent – 5 Cent = ______________ 12 Cent – 2 Cent = ______________

© Diesterweg ISBN 3-425-02283-0

Preise berechnen; entscheiden, ob Preise höher oder niedriger als 15 Cent sind;
Beträge mit Münzen legen, vor dem Subtrahieren geeignet wechseln.

# Alle Jahre wieder

1 ..... Trage ein.

| Dezember 11 | Dezember 18 | Dezember 29 | Dezember 1 |
|---|---|---|---|
| ____ 12. | ____ 12. | ____ 12. | ____ 12. |

2 ..... Trage ein.

| Dezember ____ | Dezember ____ | Dezember ____ | Dezember ____ |
|---|---|---|---|
| 30.12. | 9.12. | 19.12. | 4.12. |

3 ..... Trage die fehlenden Daten ein.

| | | |
|---|---|---|
| 5 | | 22 |
| | | |
| | 11 | |
| 8 | 12 | |
| | | 26 |
| | | |

© Diesterweg ISBN 3-425-02283-0

4 ..... Ich habe am ________________ Geburtstag.



Schreibweise von Ordinalzahlen üben; Daten übertragen; fehlende Daten ergänzen; Geburtstagsdatum eintragen.

**1 .....** Färbe.

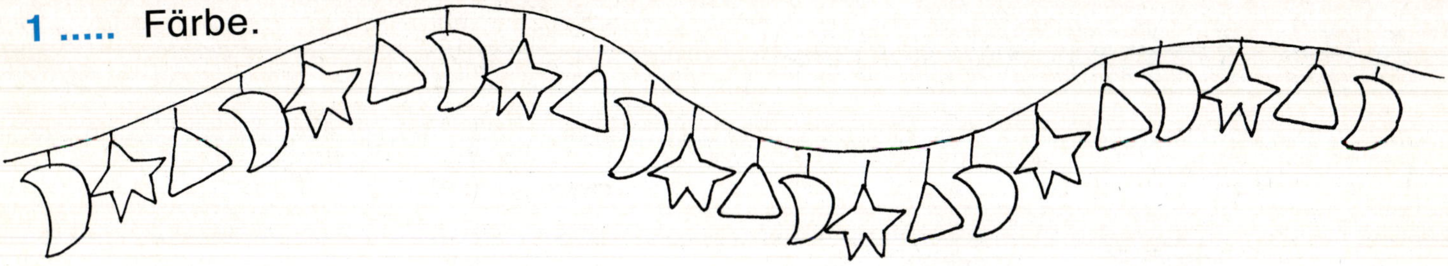

rot: 1., 4., 7., 10., 13., 16., 19., 22.

gelb: 2., 5., 8., 11., 14., 17., 20.

grün: 3., 6., 9., 12., 15., 18., 21.

**2 .....** Trage ein. Male.

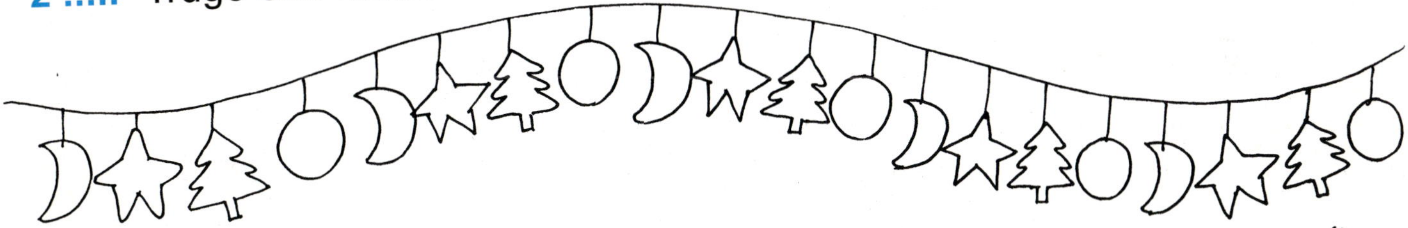

 : 1., 5., ____, ____, ____

 : 2., ____, ____, ____, ____

 : ____, ____, ____, ____, ____

 : ____, ____, ____, ____, ____

**3 .....** Trage ein.

| | | | | | |
|---|---|---|---|---|---|
| 6 | | | | 10 | |

| | | | | | |
|---|---|---|---|---|---|
| 15 | | | | | 20 |

© Diesterweg ISBN 3-425-02283-0

Anhänger nach Vorschrift einfärben; Anhänger ausmalen; Ordinalzahlen eintragen; fehlende Daten ergänzen.

**1 .....** Rechne und trage ein.

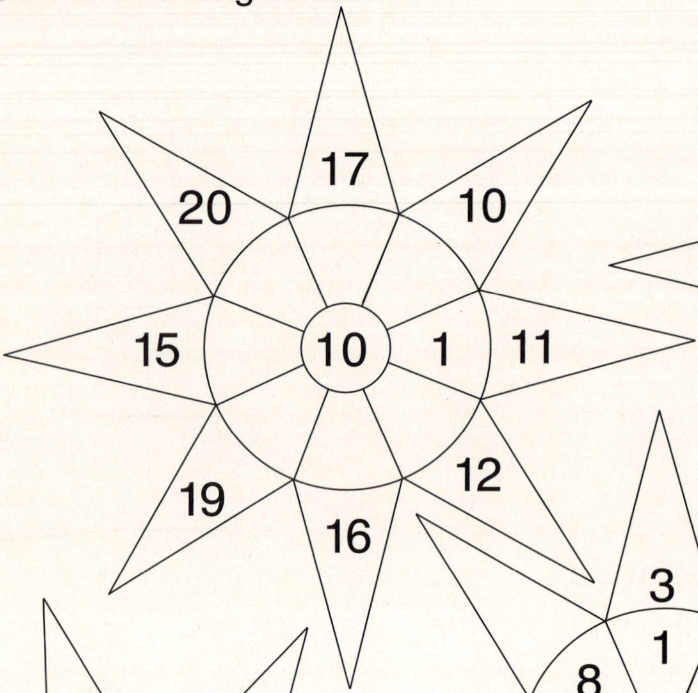


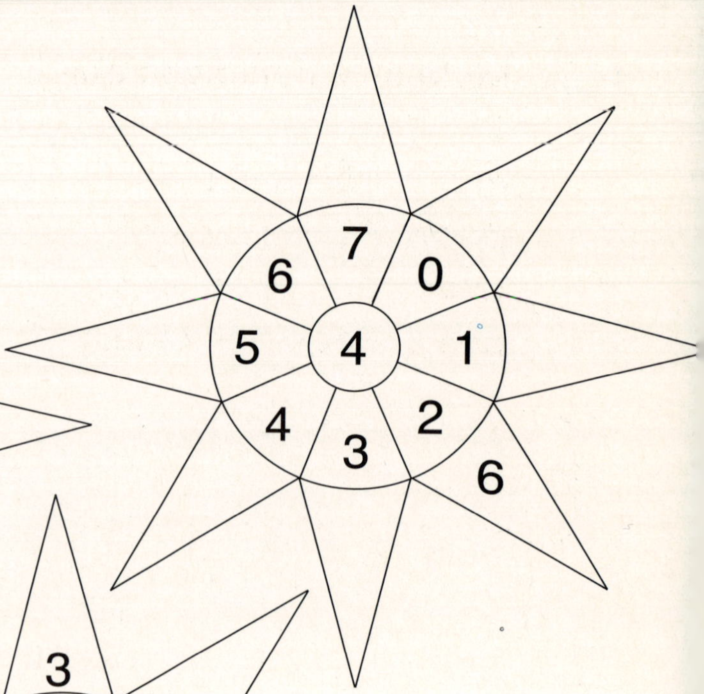


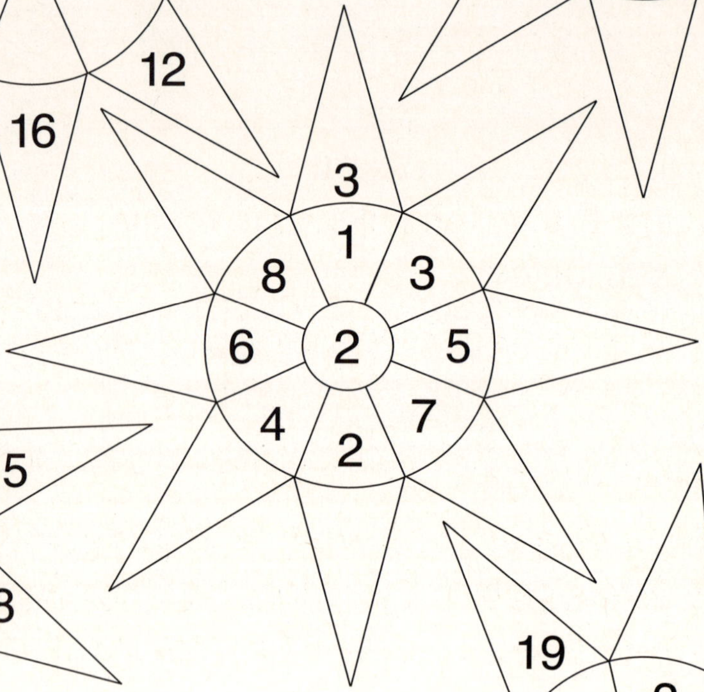


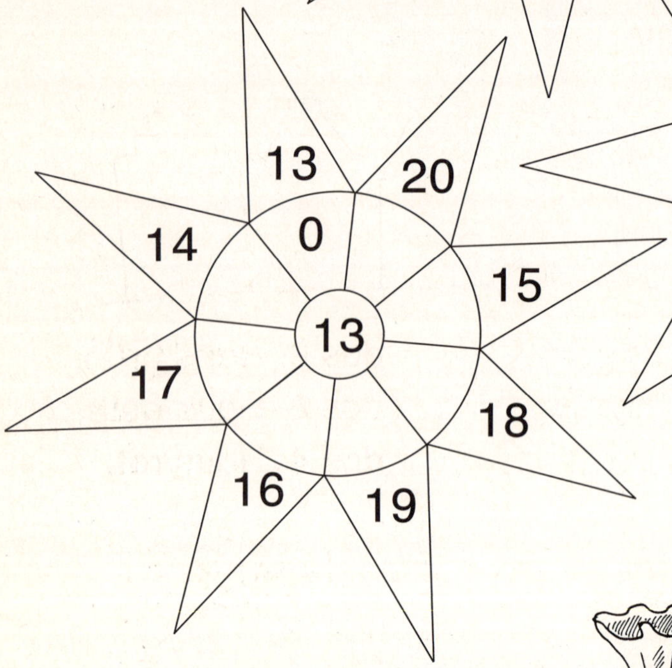

**2 .....** Rechne und trage ein.

3 + 3 = ____
3 + 5 = ____
3 + 7 = ____
7 + 3 = ____
5 + 3 = ____

15 – 2 = ____
15 – 3 = ____
15 – 4 = ____
15 – 5 = ____
15 – 6 = ____

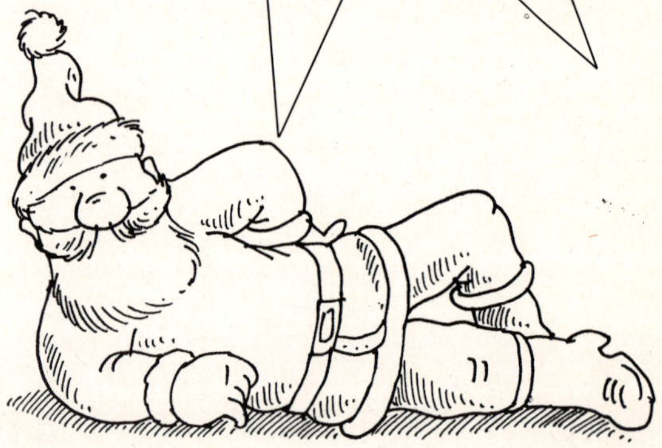

 ISBN 3-425-02283-0

 Rechensterne ausfüllen; Additions- und Subtraktionsaufgaben lösen.

**1 .....** Male aus. Zähle von oben:

das 2. Päckchen rot,
das 5. Päckchen gelb,
das 3. Päckchen grün,
das 6. Päckchen blau.

**2 .....** Male aus. Zähle von links nach rechts:

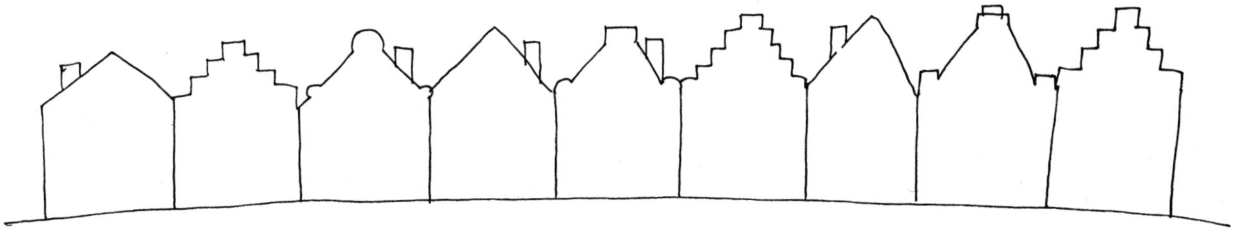

das 3. Haus grün,
das 5. Haus gelb,
das 7. Haus rot,

das 9. Haus grün,
das 8. Haus gelb,
das 1. Haus rot,

das 6. Haus grün,
das 2. Haus gelb,
das 4. Haus rot.

**3 .....** Rechne und trage ein.

0 + ______ = 10
1 + ______ = 10
3 + ______ = 10
5 + ______ = 10
7 + ______ = 10
9 + ______ = 10

1 – 1 = ______
11 – 1 = ______
3 – 3 = ______
13 – 3 = ______
5 – 5 = ______
15 – 5 = ______

3 + 3 = ______
13 + 3 = ______
4 + 2 = ______
14 + 2 = ______
5 + 1 = ______
15 + 1 = ______

© Diesterweg ISBN 3-425-02283-0

Päckchen und Häuser nach Vorschrift einfärben; Aufgaben lösen.

# Plus und Minus über Zehn

**1 .....** Male. Rechne.

5 + 5 = ______  10 + 10 = ______

7 + 7 = ______  7 + 8 = ______

**2 .....** Male und streiche weg. Rechne.

8 – 4 = ______  16 – 8 = ______

10 – 5 = ______  20 – 10 = ______

14 – 7 = ______  15 – 7 = ______

**3 .....** Trage ein.

| Zahl | 8 | 16 | 10 | | | 12 | 4 | |
|---|---|---|---|---|---|---|---|---|
| die Hälfte | | | | 10 | 3 | | | 9 |

© Diesterweg ISBN 3-425-02283-0



Verdoppeln und Fast-Verdoppeln; halbieren; Zwanzigerfeld passend färben; Felder passend wegstreichen; rechnen; Tabelle ausfüllen.

## 1 ..... Male. Rechne.

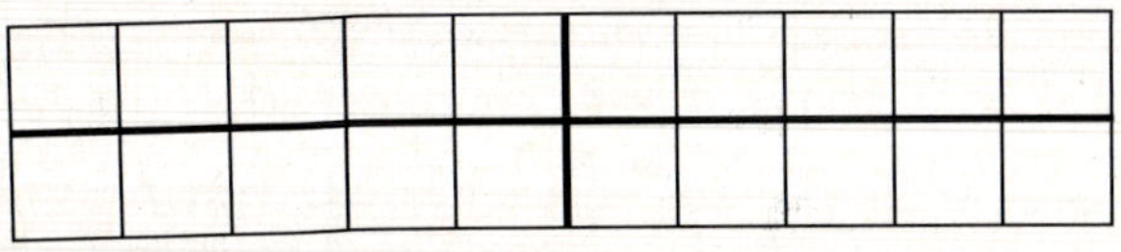

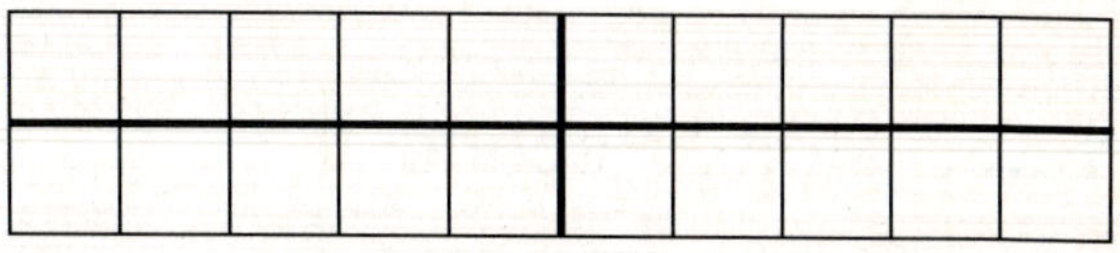

7 + 4 = ___

7 + 3 + 1 = ___

9 + ___ = ___

9 + 1 + 5 = ___

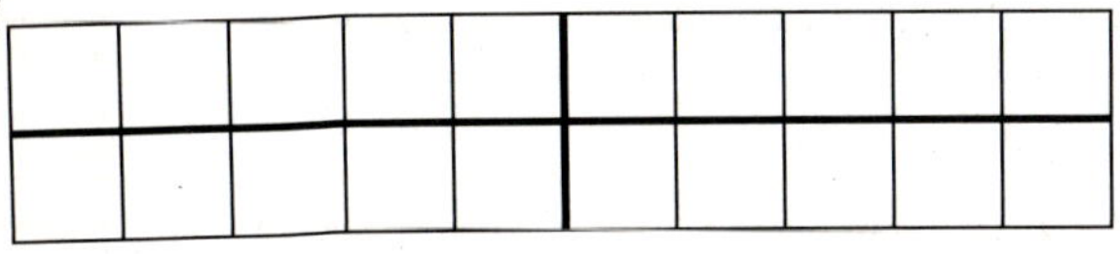

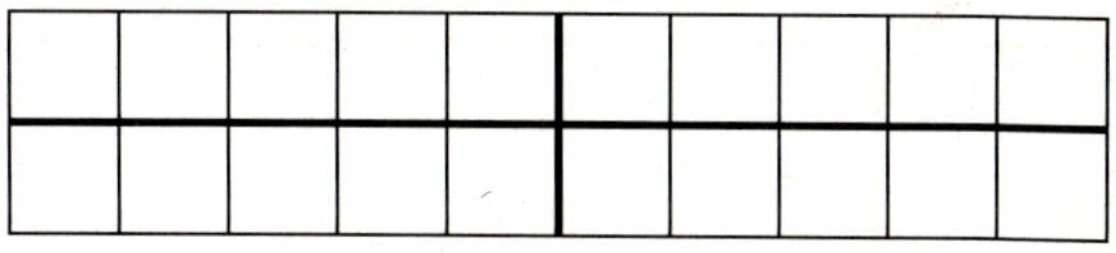

8 + ___ = ___

8 + 2 + 1 = ___

8 + 4 = ___

8 + ___ + ___ = ___

## 2 ..... Lege im Zwanzigerfeld und rechne.

6 + 4 + 4 = ___ 4 + 6 + 2 = ___ 8 + 2 + 7 = ___

6 + ___ = ___ 4 + ___ = ___ 8 + ___ = ___

## 3 ..... Rechne.

5 + 8 = ___ 7 + 5 = ___ 6 + 6 = ___

5 + 5 + ___ = ___ 7 + 3 + ___ = ___ 6 + 4 + ___ = ___

8 + 5 = ___ 4 + 9 = ___ 7 + 6 = ___

8 + ___ + ___ = ___ 4 + ___ + ___ = ___ 7 + ___ + ___ = ___

## 4 ..... Rechne.

5 + 5 = ___ 7 + ___ = 10 6 + 7 = ___ 9 + 5 = ___

8 + 2 = ___ 4 + ___ = 10 8 + 9 = ___ 8 + 6 = ___

6 + 4 = ___ 9 + ___ = 10 5 + 8 = ___ 7 + 5 = ___

 ISBN 3-425-02283-0

Im Zahlenraum bis 20 addieren; Zehnerübergang mit Stopp bei 10; Zwanzigerfeld passend färben; rechnen.

**1 .....** Male und streiche weg. Rechne.

13 – 6 = ___ 18 – ___ = ___

13 – 3 – 3 = ___ 18 – 8 – 1 = ___

15 – ___ = ___ 16 – 9 = ___

15 – 5 – 2 = ___ 16 – ___ – ___ = ___

**2 .....** Lege im Zwanzigerfeld und nimm weg. Rechne.

11 – 1 – 4 = ___ 14 – 4 – 2 = ___ 13 – 3 – 6 = ___

11 – ___ = ___ 14 – ___ = ___ 13 – ___ = ___

**3 .....** Rechne.

11 – 8 = ___ 17 – 8 = ___ 12 – 9 = ___

11 – 1 – ___ = ___ 17 – 7 – ___ = ___ 12 – 2 – ___ = ___

12 – 5 = ___ 15 – 9 = ___ 14 – 8 = ___

12 – ___ – ___ = ___ 15 – ___ – ___ = ___ 14 – ___ – ___ = ___

**4 .....** Rechne.

15 – 5 = ___ 17 – ___ = 10 17 – 9 = ___ 13 – 5 = ___

18 – 8 = ___ 14 – ___ = 10 18 – 9 = ___ 12 – 7 = ___

16 – 6 = ___ 19 – ___ = 10 15 – 8 = ___ 11 – 9 = ___

© Diesterweg ISBN 3-425-02283-0



Im Zahlenraum bis 20 subtrahieren; Zehnerunterschreitung mit Stopp bei 10; Zwanzigerfeld passend färben, Felder passend wegstreichen; rechnen.

**1 .....** Lege im Zwanzigerfeld und rechne.

| | | | |
|---|---|---|---|
| 5 + 6 = ___ | 6 + 6 = ___ | 9 + 1 = ___ | 7 + 1 = ___ |
| 5 + 7 = ___ | 7 + 6 = ___ | 2 + 9 = ___ | 2 + 7 = ___ |
| 5 + 8 = ___ | 8 + 6 = ___ | 9 + 3 = ___ | 7 + 3 = ___ |
| 11 – 6 = ___ | 11 – 5 = ___ | 20 – 9 = ___ | 13 – 4 = ___ |
| 12 – 7 = ___ | 12 – 6 = ___ | 16 – 9 = ___ | 14 – 6 = ___ |
| 13 – 8 = ___ | 13 – 7 = ___ | 12 – 9 = ___ | 15 – 8 = ___ |

**2 .....** Rechne und trage ein.

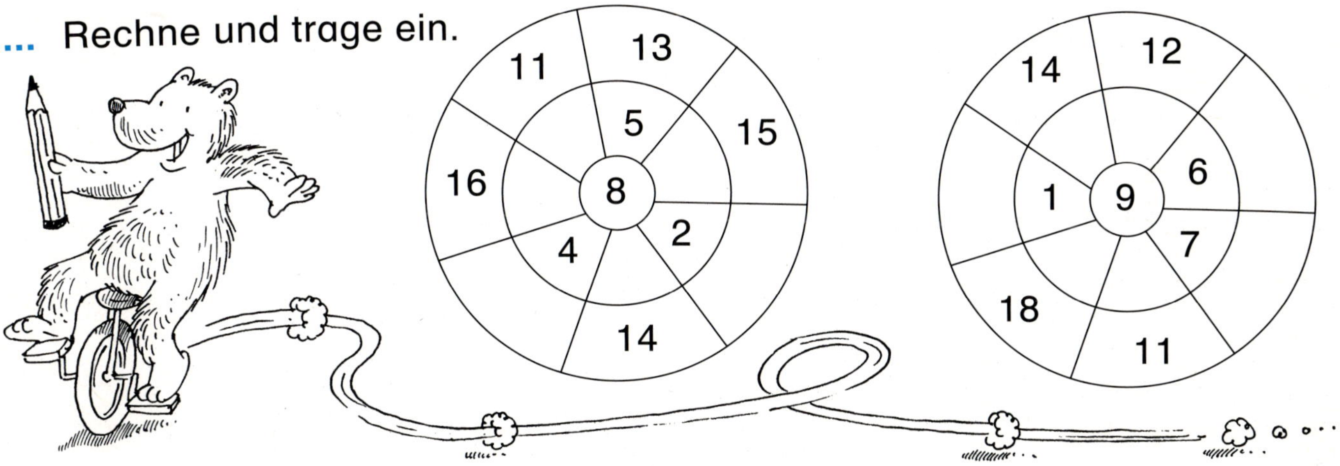


**3 .....** Rechne.

| 4 · 5 · 9 | 6 · 13 · 7 | 5 · ☐ · ☐ | ☐ · ☐ · ☐ |
|---|---|---|---|
| 4 + 5 = ___ | 6 + 7 = ___ | 8 + 5 = ___ | 7 + 9 = ___ |
| 5 + 4 = ___ | 7 + 6 = ___ | ___ + 8 = ___ | ___ + ___ = ___ |
| 9 – 5 = ___ | 13 – 7 = ___ | 13 – ___ = ___ | ___ – ___ = ___ |
| 9 – 4 = ___ | 13 – 6 = ___ | ___ – 8 = ___ | ___ – ___ = ___ |

**4 .....** Rechne.

| | | | |
|---|---|---|---|
| 6 + 4 = ___ | 11 – 4 = ___ | 12 = 6 + ___ | 15 – 5 = ___ |
| 7 + 4 = ___ | 12 – 4 = ___ | 13 = ___ + 6 | 15 – ___ = 8 |
| 8 + 4 = ___ | 13 – 4 = ___ | 14 = 8 + ___ | 15 – 9 = ___ |

 ISBN 3-425-02283-0

Im Zahlenraum bis 20 addieren und subtrahieren; im Zwanzigerfeld legen; Rechenräder ausfüllen; Rechenvorteile nutzen; Analogien finden.

**1 .....** Lege im Zwanzigerfeld und rechne.

| | | | |
|---|---|---|---|
| 1 + 4 = ___ | 11 + 4 = ___ | 1 + 7 = ___ | 11 + 7 = ___ |
| 1 + 5 = ___ | 11 + 5 = ___ | 1 + 8 = ___ | 11 + 8 = ___ |
| 1 + 6 = ___ | 11 + 6 = ___ | 1 + 9 = ___ | 11 + 9 = ___ |

**2 .....** Rechne.

| | | | |
|---|---|---|---|
| 4 + 1 = ___ | 14 + 1 = ___ | 4 + 2 = ___ | 14 + 2 = ___ |
| 5 + 0 = ___ | 15 + 0 = ___ | 5 + 1 = ___ | 15 + 1 = ___ |

**3 .....** Lege im Zwanzigerfeld und nimm weg. Rechne.

| | | | |
|---|---|---|---|
| 6 – 3 = ___ | 16 – 3 = ___ | 7 – 2 = ___ | 17 – 2 = ___ |
| 9 – 3 = ___ | 19 – 3 = ___ | 9 – 2 = ___ | 19 – 2 = ___ |
| 8 – 3 = ___ | 18 – 3 = ___ | 8 – 2 = ___ | 18 – 2 = ___ |

**4 .....** Rechne.

| | | | |
|---|---|---|---|
| 6 + 2 = ___ | 5 + 4 = ___ | 6 – 2 = ___ | 5 – 4 = ___ |
| 16 + 2 = ___ | 15 + 4 = ___ | 16 – 2 = ___ | 15 – 4 = ___ |
| 4 + 3 = ___ | 5 + 5 = ___ | 4 – 3 = ___ | 5 – 5 = ___ |
| 14 + 3 = ___ | 15 + 5 = ___ | 14 – 3 = ___ | 15 – 5 = ___ |

**5 .....** Rechne
und trage ein.

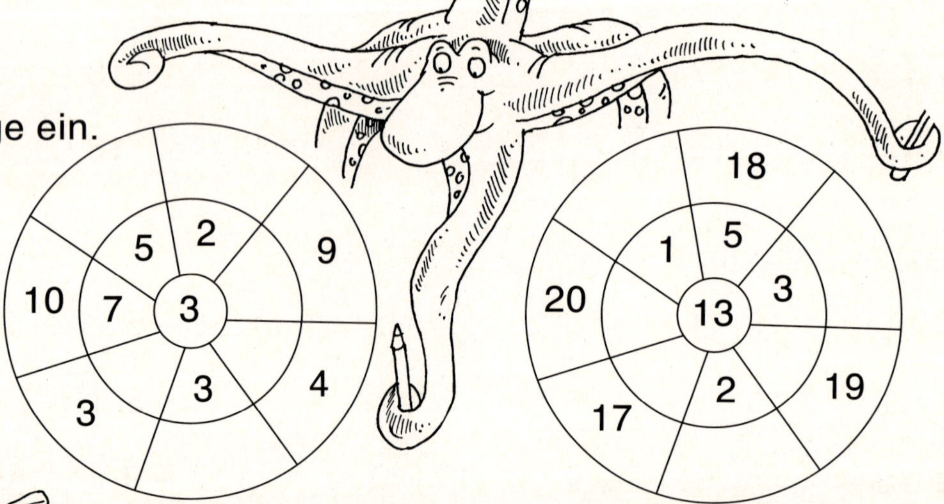


© Diesterweg ISBN 3-425-02283-0



Analogieaufgaben lösen; im Zwanzigerfeld legen; rechnen; Rechenräder ausfüllen.

**1** ..... Rechne.

| | | | |
|---|---|---|---|
| 5 + 5 = ___ | 15 + 5 = ___ | 9 + 1 = ___ | 19 + 1 = ___ |
| 6 + 4 = ___ | 16 + 4 = ___ | 2 + 8 = ___ | 12 + 8 = ___ |
| 7 + 3 = ___ | 17 + 3 = ___ | 3 + 7 = ___ | 13 + 7 = ___ |
| 6 – 6 = ___ | 16 – 6 = ___ | 10 – 9 = ___ | 20 – 9 = ___ |
| 2 – 2 = ___ | 12 – 2 = ___ | 10 – 2 = ___ | 20 – 2 = ___ |
| 8 – 8 = ___ | 18 – 8 = ___ | 10 – 6 = ___ | 20 – 6 = ___ |

**2** ..... Lege im Zwanzigerfeld und rechne.

| | | | |
|---|---|---|---|
| 6 + 4 = ___ | 7 + 4 = ___ | 14 – 4 = ___ | 17 – 8 = ___ |
| 6 + 5 = ___ | 7 + 5 = ___ | 14 – 5 = ___ | 17 – 9 = ___ |

**3** ..... Rechne.

| | | | |
|---|---|---|---|
| 7 + 2 = ___ | 5 + 4 = ___ | 7 – 4 = ___ | 9 – 5 = ___ |
| 17 + 2 = ___ | 15 + 4 = ___ | 17 – 4 = ___ | 19 – 5 = ___ |

**4** ..... Rechne. Zuerst bis 10, dann weiter.

| | | |
|---|---|---|
| 6 + 7 = ___ | 13 – 7 = ___ | 4 + 8 = ___ |
| 6 + 4 + ___ = ___ | 13 – 3 – ___ = ___ | 4 + 6 + ___ = ___ |
| 16 – 7 = ___ | 7 + 8 = ___ | 18 – 9 = ___ |
| 16 – ___ – ___ = ___ | 7 + ___ + ___ = ___ | 18 – ___ – ___ = ___ |

**5** ..... Setze <, > oder = ein.

| | | |
|---|---|---|
| 15 – 6 ◯ 10 | 16 ◯ 8 + 8 | 8 – 5 ◯ 3 |
| 8 + 7 ◯ 15 | 13 ◯ 5 + 7 | 8 + 5 ◯ 14 |
| 13 – 8 ◯ 5 | 4 ◯ 12 – 9 | 17 – 9 ◯ 6 |

 ISBN 3-425-02283-0

Im Zahlenraum bis 20 addieren und subtrahieren; im Zwanzigerfeld legen; Analogieaufgaben; Rechnen mit Stopp bei der 10; Relationszeichen einsetzen.

# Symmetrie des Körpers

1 ..... Was gehört zusammen? Trage ein.
Male aus. Links gelb, rechts rot.

| 1 | 2 | 3 | 4 | 5 |
|---|---|---|---|---|
| | | | | |

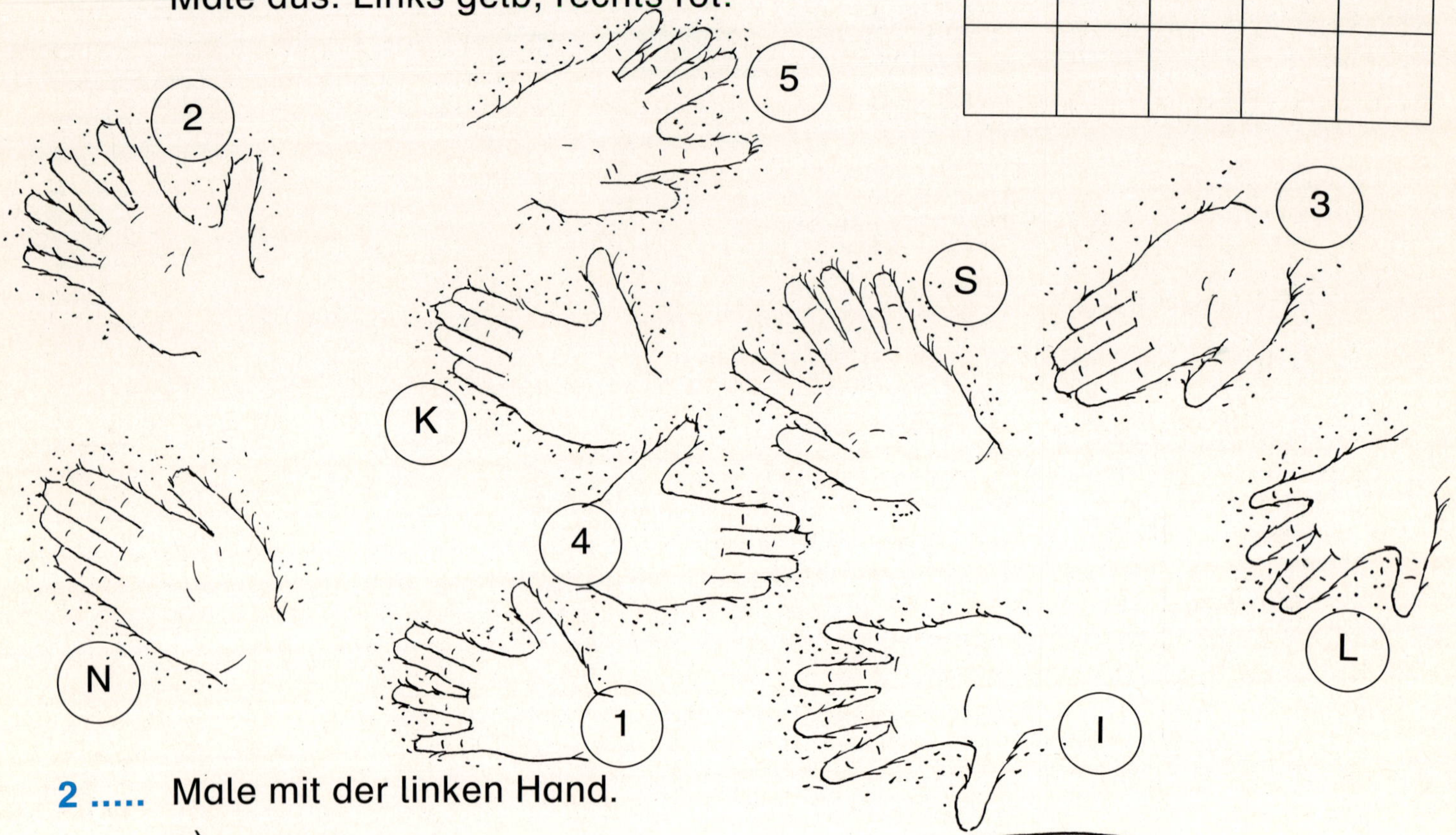


2 ..... Male mit der linken Hand.

a)

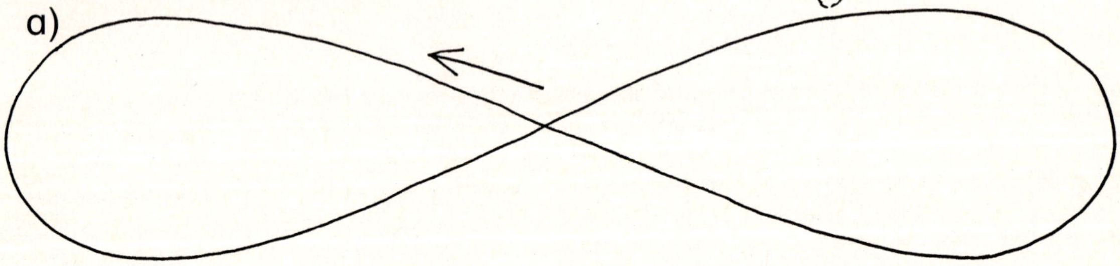

b)

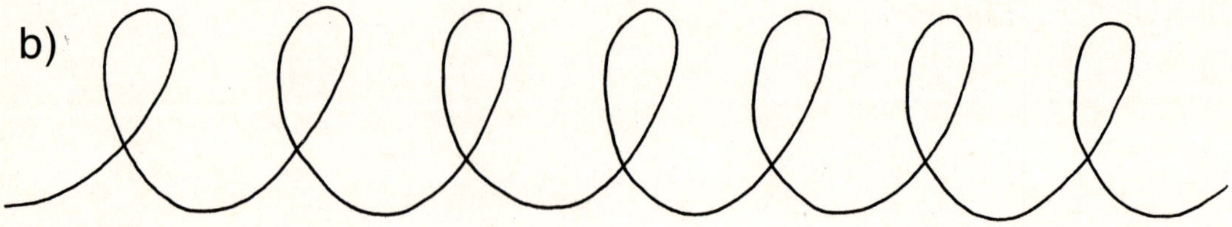

c)

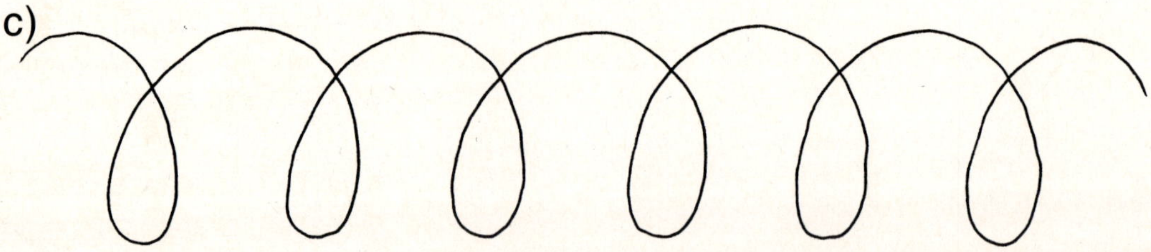



Rechte und linke Handabdrücke erkennen, passend anmalen, Lösungswort angeben; graphomotorische Übungen mit der linken Hand ausführen.

 ISBN 3-425-02283-0

**1 .....** Was gehört zusammen? Trage ein.
Male aus. Links gelb, rechts rot.

| 6 | 7 | 8 |
|---|---|---|
| | | |

| 9 | 10 | 11 | 12 | 13 |
|---|---|---|---|---|
| | | | | |

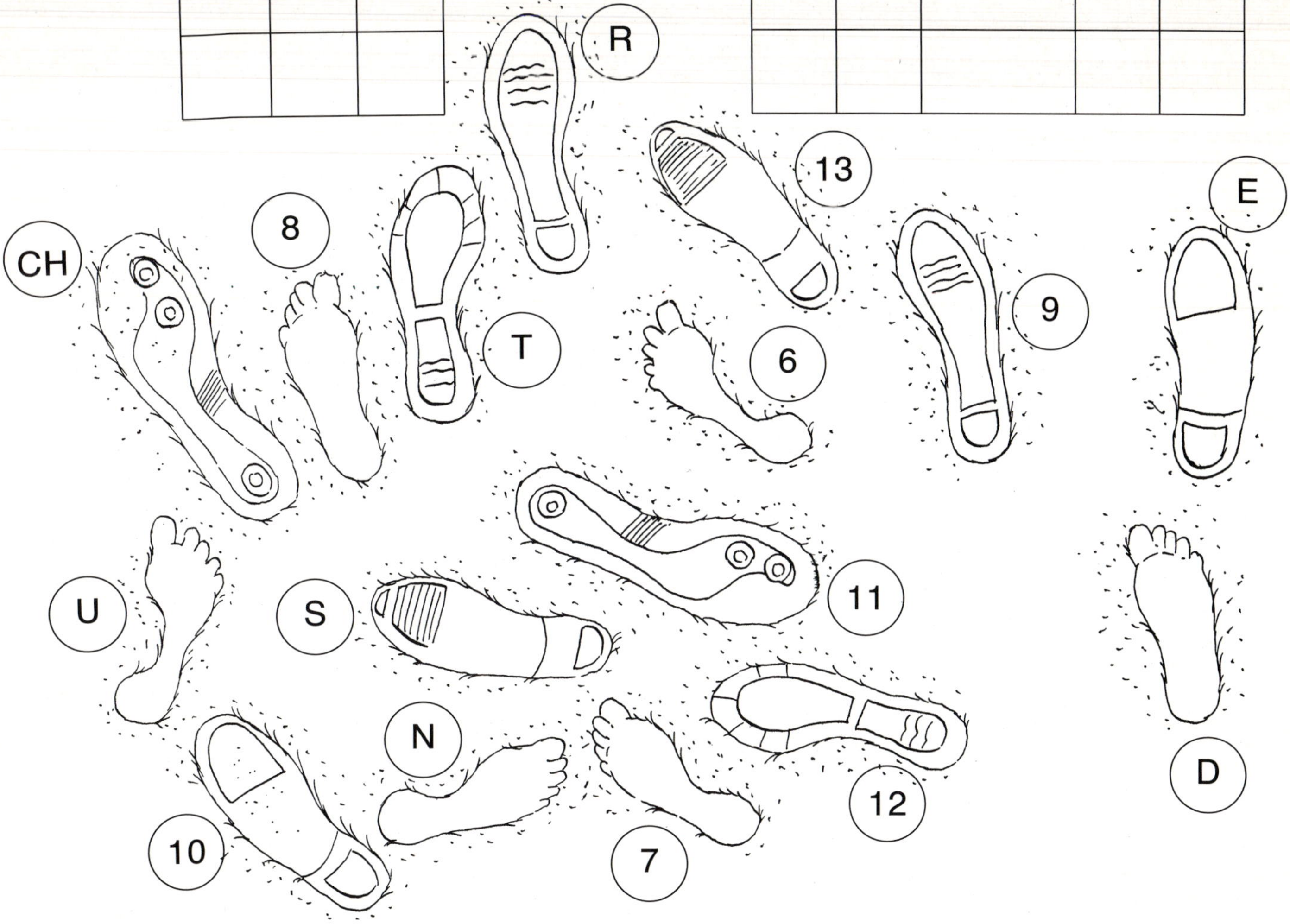


**2 .....** Male mit der rechten Hand.

a)

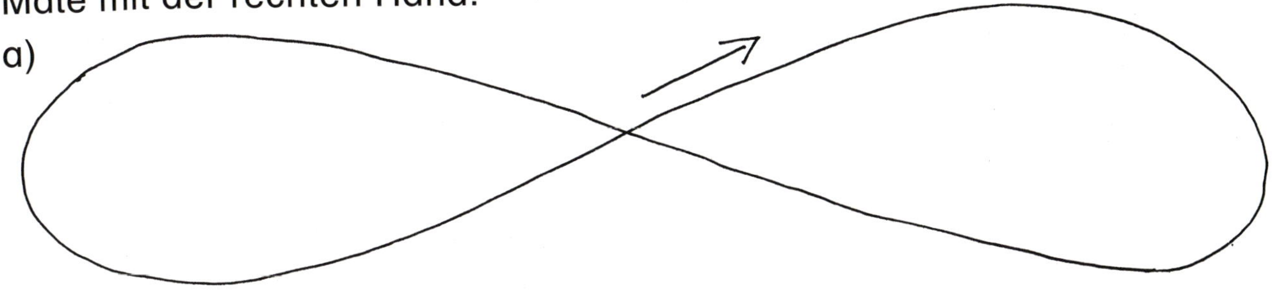

b)

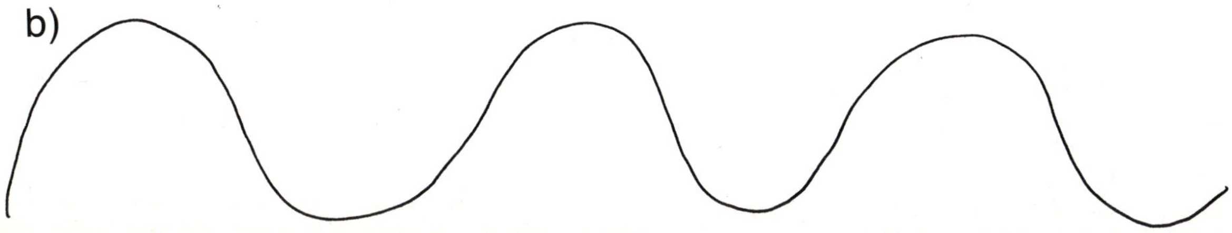

© Diesterweg ISBN 3-425-02283-0

Rechte und linke Fuß- und Schuhabdrücke erkennen, passend anmalen, Lösungswort angeben; graphomotorische Übungen mit der rechten Hand ausführen.

**1 .....** Verdopple. Trage ein.

| Zahl | 1 | 3 | 5 | 7 | 9 | 8 | 6 |
|---|---|---|---|---|---|---|---|
| das Doppelte | 2 | | | | | | |

**2 .....** Halbiere. Trage ein.

| Zahl | 4 | 8 | 16 | 20 | 10 | 12 | 0 |
|---|---|---|---|---|---|---|---|
| die Hälfte | | | | | | | |

**3 .....** Male die Hälfte von jeder Figur aus.

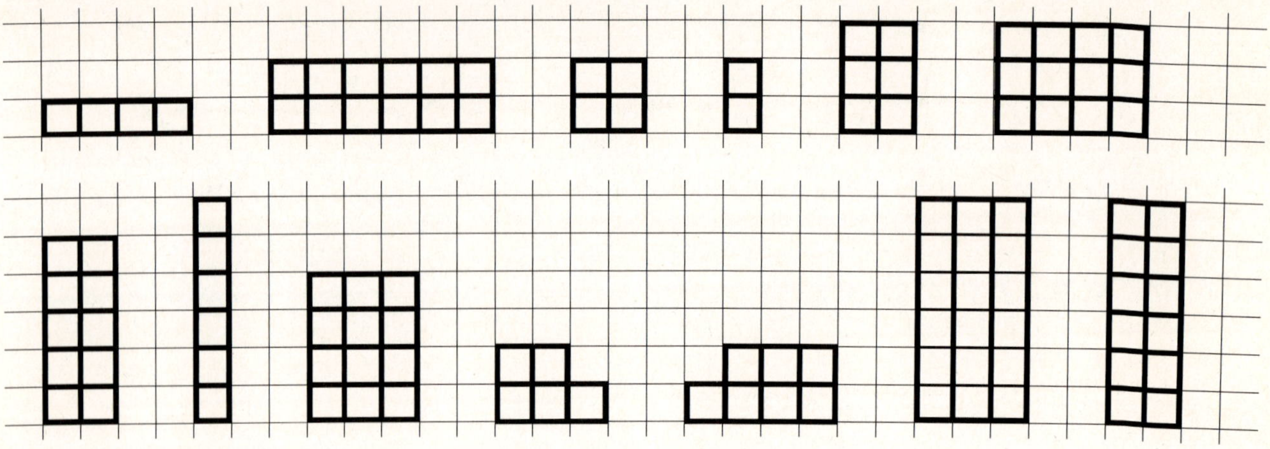

**4 .....** Schreibe weiter.

gerade Zahlen: 2, 4, 6, ___, ___, ___, ___, ___, ___, ___, ___

ungerade Zahlen: 1, 3, 5, ___, ___, ___, ___, ___, ___, ___, ___

**5 .....** Male gleich lange Ketten in der gleichen Farbe an.

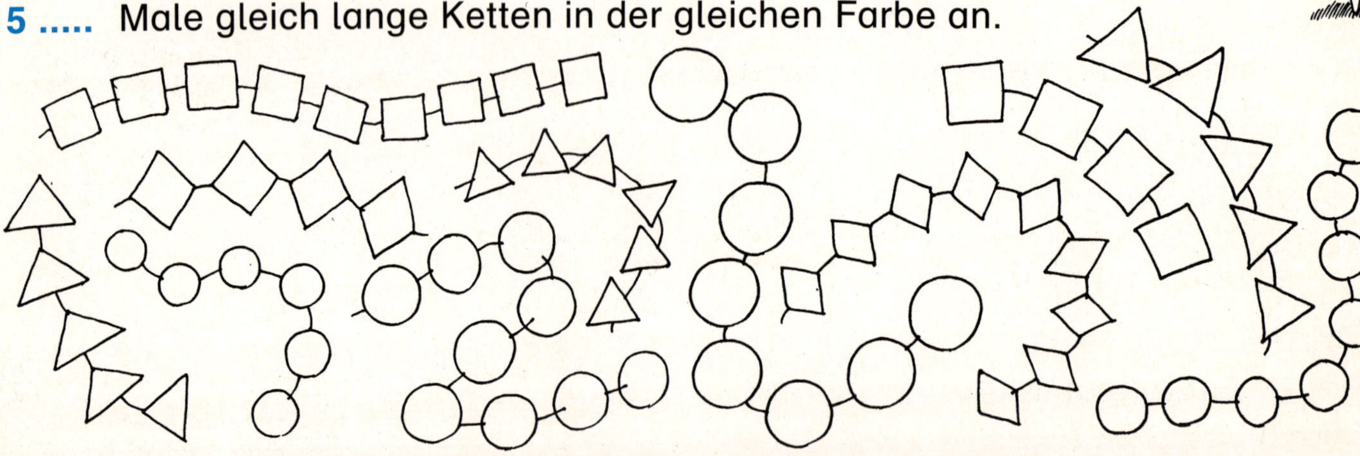

 ISBN 3-425-02283-0



Tabellen ausfüllen; die Hälften von Figuren färben; gerade und ungerade Zahlen als Folge schreiben; gleich lange Ketten finden und färben.

**1 .....** Male die Seiten gleich aus.

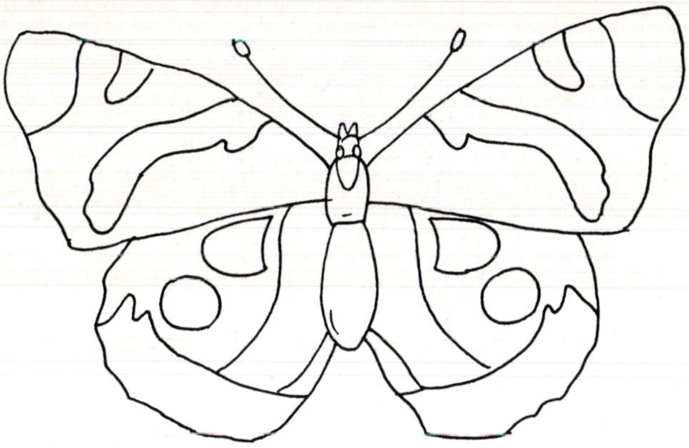

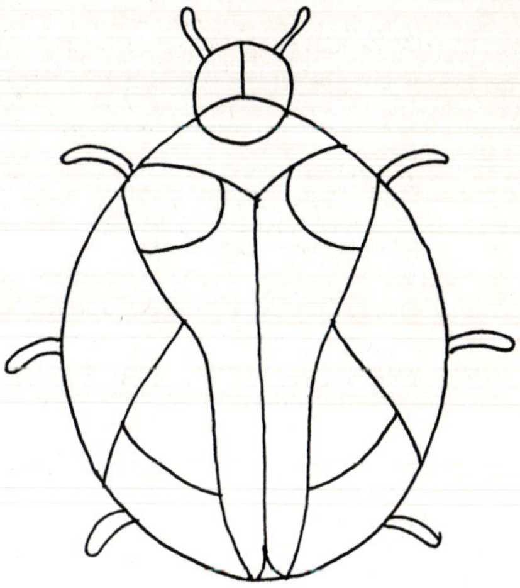

**2 .....** Schreibe Aufgaben.

6 = 3 + 3 ________ ________ ________ ________

**3 .....** Male. Schreibe Aufgaben.

4 = 2 + 2 14 = ________ 16 = ________ 18 = ________ 2 = ________

**4 .....** Wie viele Zähne hat ein Hamster?

rechts — links

| | | | | | | | | |
|---|---|---|---|---|---|---|---|---|
| oben | 3 | 0 | 0 | 1 | 1 | 0 | 0 | 3 |
| unten | 3 | 0 | 0 | 1 | 1 | 0 | 0 | 3 |

Ein Hamster hat ____ Zähne.

oben: ________

unten: ________

rechts: ________

links: ________

Hälften spiegelsymmetrisch ausmalen; zu symmetrisch angeordneten Punktemustern Aufgaben schreiben; passend zu den Aufgaben symmetrische Punktemuster malen; die Zähne beim Hamster zählen.



© Diesterweg ISBN 3-425-02283-0

# Alle mithüpfen, bitte!

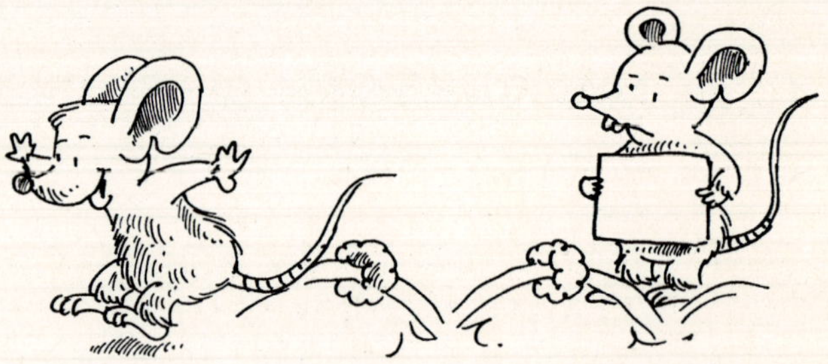

**1** ..... Trage die fehlenden Zahlen ein.

0 1 ☐ 3 4 ☐ 6 7 8 ☐ 10 11 ☐ 13 14 ☐ 16

☐ 6 7 ☐ 9 ☐ 11 ☐ 13 14 15 ☐ 17 18 19 ☐ 21

3 ☐ 5 6 ☐ 8 ☐ 10 ☐ 12 ☐ 14 15 16 ☐ 18 ☐

**2** ..... Hüpfe vor.

0 1 2 3 4 5 6 7 8 9 10 11 12 13 14 15 16 17 18 19 20 21

+ 4 : 0, 4, ____, ____, ____, ____

0 1 2 3 4 5 6 7 8 9 10 11 12 13 14 15 16 17 18 19 20 21

+ 4 : 3, ____, ____, ____, ____

0 1 2 3 4 5 6 7 8 9 10 11 12 13 14 15 16 17 18 19 20 21

+ 2 : 7, ____, ____, ____, ____, ____, ____, ____

© Diesterweg ISBN 3-425-02283-0

 Zahlenstrahl vervollständigen; Sprünge einzeichnen, Zahlenfolgen fortsetzen.

**1 .....** Hüpfe zurück.

0 1 2 3 4 5 6 7 8 9 10 11 12 13 14 15 16 17 18 19 20 21

–3 : 21, 18, ____, ____, ____, ____, ____, ____

0 1 2 3 4 5 6 7 8 9 10 11 12 13 14 15 16 17 18 19 20 21

–5 : 20, ____, ____, ____, ____

0 1 2 3 4 5 6 7 8 9 10 11 12 13 14 15 16 17 18 19 20 21

–2 : 20, ____, ____, ____, ____, ____, ____, ____, ____, ____, ____

**2 .....** Wie groß war der Sprung? Zeichne ein.

2 3 4 5 6 7 8 9 10 11 12 13 — 4 + ____ = 9

7 8 9 10 11 12 13 14 15 16 17 18 — 12 + ____ = 16

2 3 4 5 6 7 8 9 10 11 12 13 — 8 – ____ = 3

9 10 11 12 13 14 15 16 17 18 19 20 — 20 – ____ = 14

Sprünge einzeichnen, Zahlenfolgen fortsetzen; Ergänzungsaufgaben mit Hilfe des Zahlenstrahls lösen.

**1 .....** Wo ist die Maus gestartet?

| | | |
|---|---|---|
| ___ + 4 = 10 | ___ – 4 = 10 | ___ – 5 = 11 |
| ___ + 3 = 9 | ___ – 3 = 5 | ___ + 6 = 10 |
| ___ + 0 = 4 | ___ – 0 = 13 | ___ + 10 = 10 |

**2 .....** Springe über die Zehn. Zeichne und rechne.

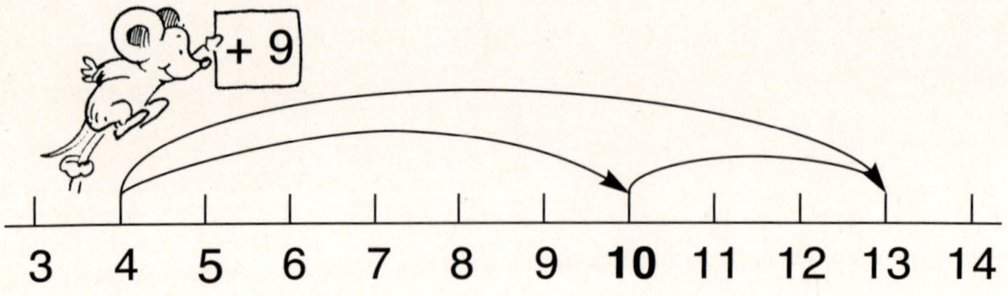


4 + 9 = ___

**4 + 6** + 3 = ___

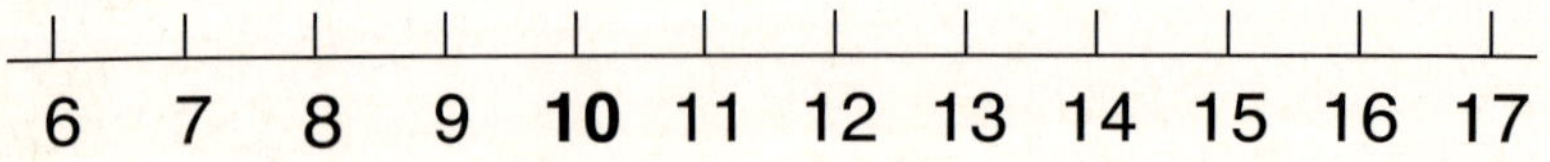


7 + 8 = ___

**7 +** ___ + ___ = ___

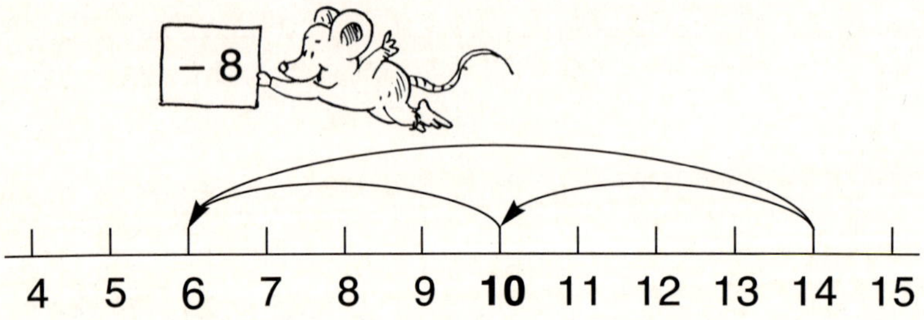


14 – 8 = ___

**14 – 4** – 4 = ___

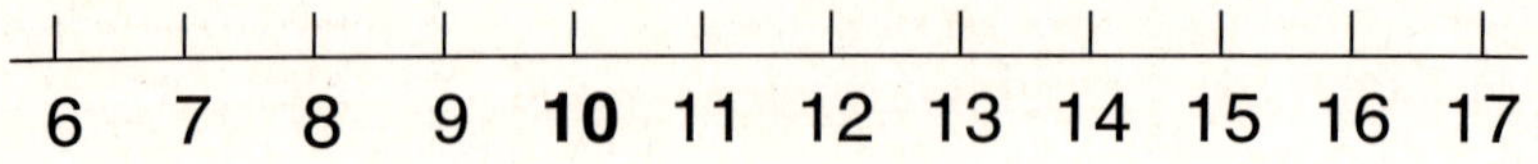


16 – 7 = ___

**16 –** ___ – ___ = ___

**3 .....** Rechne.

| | | |
|---|---|---|
| 6 + 6 = ___ | 15 – 9 = ___ | 8 + 5 = ___ |
| 8 + 8 = ___ | 14 – 6 = ___ | 9 + 8 = ___ |



Zu vorgegebener Zielzahl und Hüpfkarte die Startposition suchen; Aufgaben mit Zehnerübergang: Sprünge mit Stopp bei der 10 einzeichnen, Aufgaben lösen.

 ISBN 3-425-02283-0

**1** ..... Wie groß war der Sprung? Hüpfe vor oder zurück.

0 1 2 3 4 5 6 7 8 9 10 11 12 13 14 15 16 17 18 19 20 21

☐ : 1, 4, ____, ____, ____, ____, ____

0 1 2 3 4 5 6 7 8 9 10 11 12 13 14 15 16 17 18 19 20 21

☐ : 19, 15, ____, ____, ____

0 1 2 3 4 5 6 7 8 9 10 11 12 13 14 15 16 17 18 19 20 21

☐ : 2, 7, ____, ____

0 1 2 3 4 5 6 7 8 9 10 11 12 13 14 15 16 17 18 19 20 21

☐ : 17, 15, ____, ____, ____, ____, ____, ____, ____

**2** ..... Trage ein.

| + | 3 | 5 | 7 |
|---|---|---|---|
| 2 | | | |
| 4 | | | |
| 6 | | | |

| − | 2 | 4 | 6 |
|---|---|---|---|
| 8 | | | |
| 10 | | | |
| 12 | | | |

| + | | | |
|---|---|---|---|
| 6 | 12 | | |
| 7 | | 14 | |
| 9 | | | 18 |

© Diesterweg ISBN 3-425-02283-0

Anhand der vorgegebenen Zahlenfolge die passende Hüpfkarte finden und die Zahlenfolge fortsetzen, Sprünge einzeichnen; addieren und subtrahieren, Ergebnisse in Tabellen eintragen.

# Frühling

**1 .....** Trage ein.

März 31 — ___ 3.

März 7 — ___ 3.

März 22 — ______

März 13 — ______

März ______ — 4.3.

März ______ — 16.3.

März ______ — 26.3.

März ______ — 19.3.

**2 .....** Ordne. Beginne mit dem frühesten Datum.

März 15 — März 23 — März 31 — März 3 — März 17 — März 19 — März 7

3.3., 7.3., ______, ______, ______, ______, ______

**3 .....** Ordne. Trage ein.

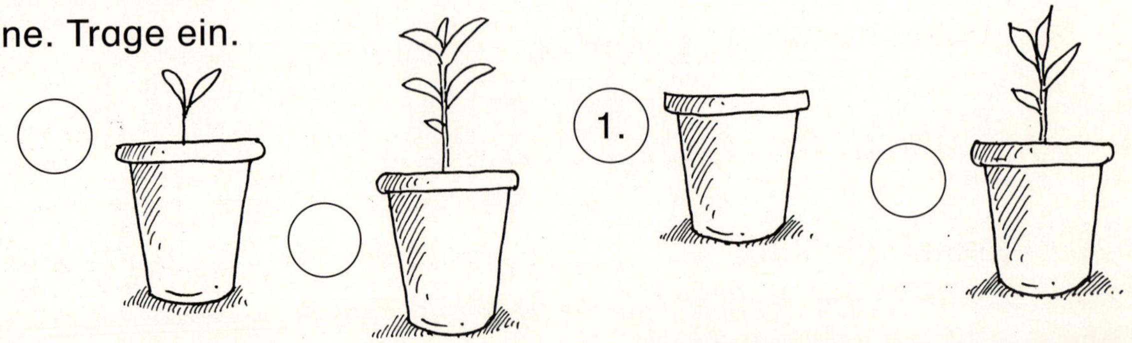


© Diesterweg ISBN 3-425-02283-0



Datumsschreibweise üben, Daten eintragen; Daten der Reihe nach ordnen; Ordinalzahlen eintragen.

**1** ..... Trage ein.

| Tag | 1. | 2. | 3. | 4. | 5. | 6. | 7. | 8. |
|---|---|---|---|---|---|---|---|---|
| insgesamt | 0 | 2 | 5 | 5 | 9 | 16 | 18 | 21 |
| neu dazu | – | 2 | | | | | | 3 |

**2** ..... Trage ein.

| Tag | 1. | 2. | 3. | 4. | 5. | 6. | 7. | 8. |
|---|---|---|---|---|---|---|---|---|
| insgesamt | 0 | 1 | | | | | | 21 |
| neu dazu | – | 1 | 6 | 5 | 3 | 0 | 3 | 3 |

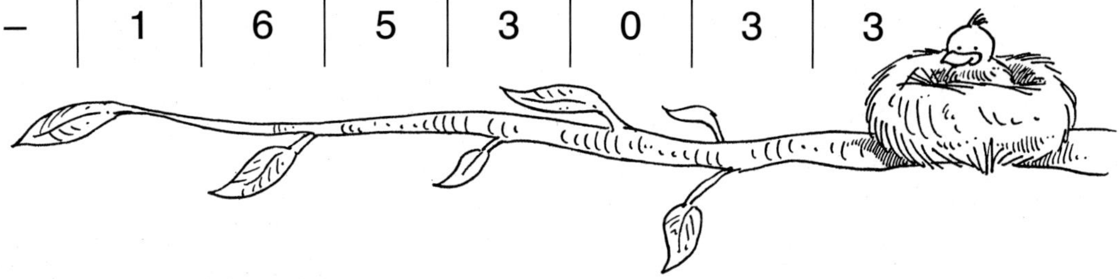

**3** ..... Rechne.

| | | | |
|---|---|---|---|
| ___ + 3 = 20 | ___ +13 = 20 | 7 + ___ = 12 | 19 = ___ + 11 |
| ___ + 6 = 20 | ___ + 16 = 20 | 5 + ___ = 12 | 15 = ___ + 8 |
| ___ + 1 = 20 | ___ + 11 = 20 | 9 + ___ = 16 | 13 = ___ + 7 |
| ___ + 8 = 20 | ___ + 18 = 20 | 7 + ___ = 16 | 11 = ___ + 6 |

**4** ..... Trage ein.

a) immer 2 dazu: 5, ___, ___, ___, ___, ___

b) immer 3 dazu: 5, ___, ___, ___, ___, ___

c) immer 2 dazu: ___, ___, ___, ___, 12, ___

d) immer 3 dazu: ___, ___, ___, ___, 12, ___

ISBN 3-425-02283-0

# Der Pyramidenbaumeister

**1 .....** Trage die fehlenden Zahlen ein.

| | | |
|---|---|---|
| | | |
| | | |
| 4 | 3 | 5 |

| | | |
|---|---|---|
| | | |
| | | |
| 4 | 5 | 3 |

| | | |
|---|---|---|
| | | |
| | | |
| 8 | 0 | 5 |

| | | | |
|---|---|---|---|
| | | | |
| | | | |
| | | | |
| 4 | 2 | 1 | 5 |

| | | | |
|---|---|---|---|
| | | | |
| | | | |
| | | | |
| 6 | 0 | 3 | 5 |

| | | | |
|---|---|---|---|
| | | | |
| | | | |
| | | | |
| 3 | 1 | 2 | 4 |

| | | | |
|---|---|---|---|
| | | | |
| | | | |
| 4 | | 6 | |
| 1 | | | 4 |

| | | | |
|---|---|---|---|
| | | | |
| | 7 | | |
| 8 | 3 | | |
| 5 | | 0 | |

| | | | |
|---|---|---|---|
| 17 | | | |
| 7 | | | |
| 4 | | | |
| 3 | | | |

**2 .....** Rechne Plus-Aufgaben.

a) 8 + 4 = ____
7 + 7 = ____
9 + 7 = ____
5 + 8 = ____
6 + 9 = ____

b) 6 + ____ = 11
7 + ____ = 15
9 + ____ = 13
12 + ____ = 17
8 + ____ = 14

c) ____ + 8 = 16
____ + 7 = 13
____ + 8 = 17
____ + 7 = 11
____ + 9 = 18

 ISBN 3-425-02283-0

 Zahlenpyramiden ausfüllen, Additions- und Ergänzungsaufgaben rechnen.

**1 .....** Finde im Wegespiel den Weg von der 0 bis zur 19.
Zeichne den Weg ein.

| | | | | |
|---|---|---|---|---|
| 9 – 9 = | 11 – 8 = | 10 – 6 = | 14 – 7 = | 13 – 5 = |
| 8 – 7 = | 13 – 11 = | 12 – 7 = | 9 – 3 = | 20 – 11 = |
| 20 – 2 = | 9 + 8 = | 7 + 7 = | 8 + 5 = | 17 – 7 = |
| 14 + 5 = | 19 – 3 = | 20 – 5 = | 5 + 7 = | 6 + 5 = |

**2 .....** Finde die Zahlen, die zusammengehören. Kreise ein.

Immer 16.

| | | | |
|---|---|---|---|
| 10 | 6 | 8 | 9 |
| 15 | 8 | 3 | 7 |
| 1 | 14 | 13 | 4 |
| 11 | 5 | 2 | 12 |

Immer 18.

| | | | |
|---|---|---|---|
| 9 | 5 | 10 | 8 |
| 11 | 9 | 13 | 15 |
| 7 | 12 | 3 | 16 |
| 4 | 14 | 6 | 2 |

**3 .....** Trage die fehlenden Zahlen ein.

| | | | | |
|---|---|---|---|---|
| | | | | |
| | | | | |
| | | | | |
| 4 | | | 4 | |
| 3 | | 0 | | 2 |

| | | | | |
|---|---|---|---|---|
| 21 | | | | |
| | 10 | | | |
| | | 6 | | |
| | | | 4 | |
| | | 1 | | 3 |

© Diesterweg ISBN 3-425-02283-0

Addieren und subtrahieren, Weg von 0 bis 19 eintragen; Zerlegungen von 16 und 18 finden; Zahlenpyramiden ausfüllen.

**1 .....** Fülle die Tabellen aus.

| – | 4 | 7 | 11 | 9 |
|---|---|---|---|---|
| 13 | | | | |
| 15 | | | | |
| 12 | | | | |
| 17 | | | | |

| + | | 7 | | 5 |
|---|---|---|---|---|
| 8 | 11 | | | |
| | | 18 | | |
| 4 | | | 13 | |
| | | | | 12 |

**2 .....** Der Baumeister bekommt diese Zahlen: (0) (1) (2) (4)
Trage die Zahlen ein und berechne die Pyramidenzahlen.
Zeichne auf die größte Pyramidenzahl einen Hut.

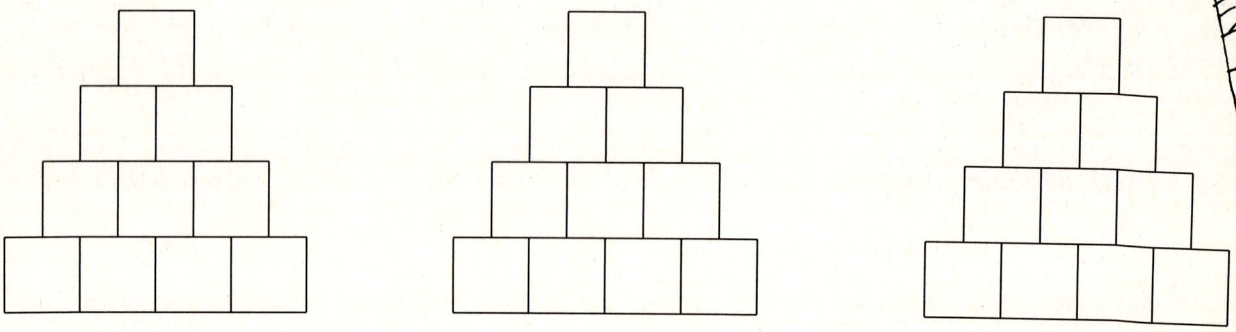

**3 .....** Finde die Zahlen, die zusammengehören. Kreise ein.

Immer 17.

| | | | | | |
|---|---|---|---|---|---|
| 10 | 3 | 5 | 5 | 5 | 7 |
| 3 | 5 | 9 | 7 | 8 | 8 |
| 6 | 4 | 2 | 3 | 2 | 1 |
| 8 | 7 | 6 | 7 | 6 | 9 |

Immer 19.

| | | | | | |
|---|---|---|---|---|---|
| 9 | 5 | 5 | 8 | 6 | 6 |
| 5 | 10 | 7 | 6 | 5 | 7 |
| 4 | 3 | 7 | 3 | 13 | 9 |
| 8 | 8 | 5 | 3 | 9 | 1 |





Tabellen ausfüllen; aus vorgegebenen Zahlen verschiedene Pyramidenzahlen errechnen; Zerlegungen von 17 und 19 finden.

**1** ..... Trage die fehlenden Zahlen ein.

| | | | |
|---|---|---|---|
| | | | |
| | 8 | | |
| | 2 | | |
| 5 | | 0 | |

| | | | |
|---|---|---|---|
| 18 | | | |
| | 10 | | |
| 5 | | | |
| 4 | | | |

| | | | |
|---|---|---|---|
| | | | |
| | | | |
| 7 | | 7 | |
| | 0 | 1 | |

**2** ..... Rechne Minus-Aufgaben.

| a) | b) | c) |
|---|---|---|
| 20 – 14 = ____ | 12 – ____ = 5 | ____ – 4 = 7 |
| 14 – 9 = ____ | 18 – ____ = 9 | ____ – 9 = 8 |
| 18 – 6 = ____ | 14 – ____ = 6 | ____ – 7 = 7 |
| 15 – 7 = ____ | 19 – ____ = 14 | ____ – 5 = 13 |
| 17 – 8 = ____ | 15 – ____ = 11 | ____ – 7 = 6 |
| 13 – 6 = ____ | 13 – ____ = 5 | ____ – 11 = 9 |

**3** ..... Setze die Zahlen von 0 bis 8 passend in die Zauberkreise ein.

Immer 12.    Immer 15.

(0) (1) (2) (3) (~~4~~) (5) (6) (7) (8)    (0) (1) (2) (3) (4) (5) (6) (7) (~~8~~)

© Diesterweg ISBN 3-425-02283-0

Zahlenpyramiden und Zauberkreise ausfüllen; Subtraktionsaufgaben rechnen.

# Alles dreht sich im Kreis

**1 .....** Wie spät ist es? Trage ein.

 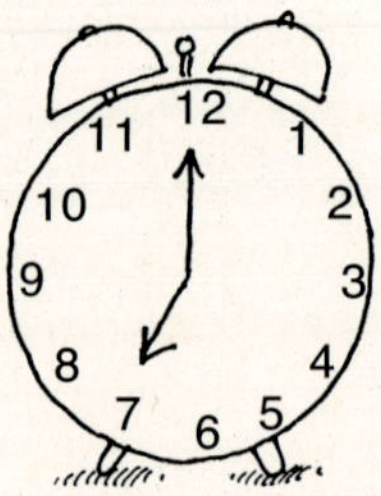 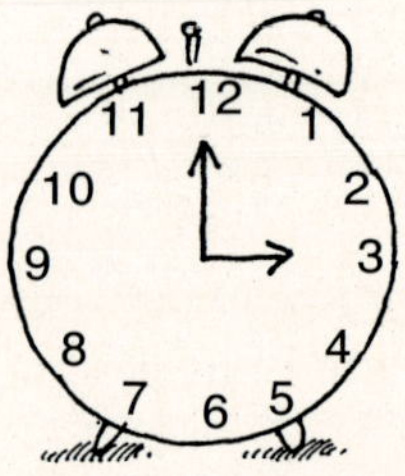 

______ Uhr ______ Uhr ______ Uhr ______ Uhr

______ Uhr ______ Uhr ______ Uhr ______ Uhr

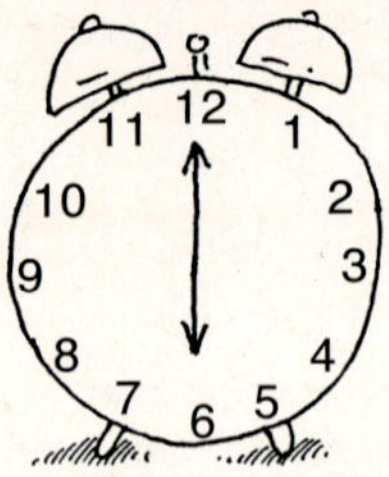 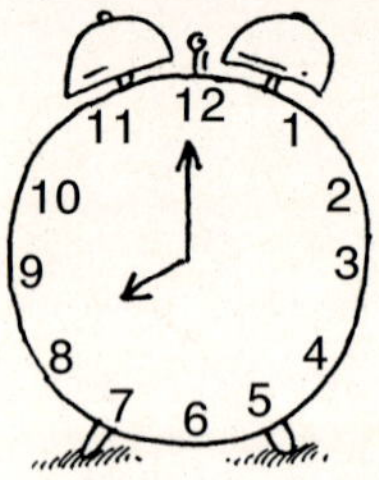 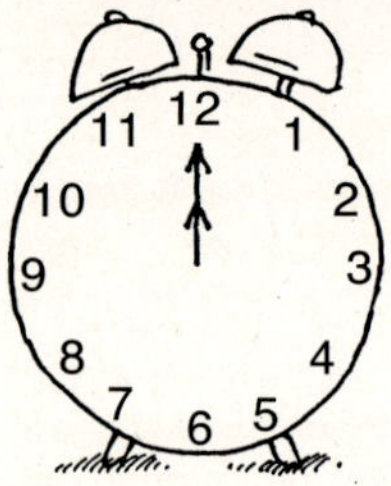 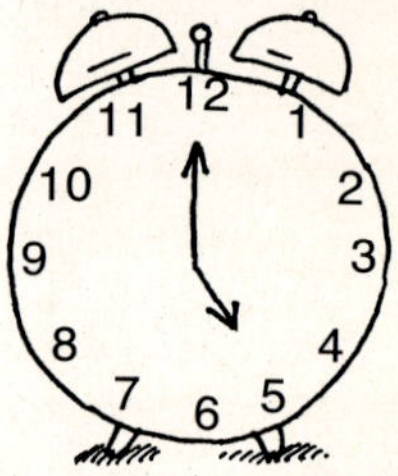

______ Uhr ______ Uhr ______ Uhr ______ Uhr

______ Uhr ______ Uhr ______ Uhr ______ Uhr

  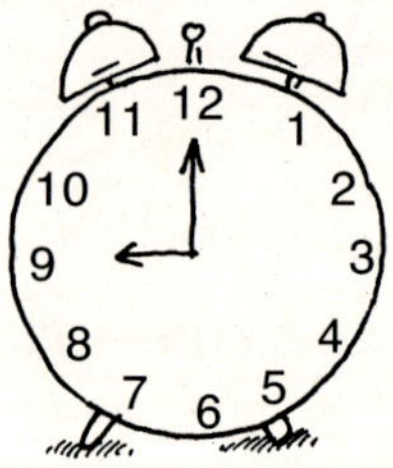 

______ Uhr ______ Uhr ______ Uhr ______ Uhr

______ Uhr ______ Uhr ______ Uhr ______ Uhr

**2 .....** Trage passende Uhrzeiten ein.

Nachmittag

______ Uhr

Nacht

______ Uhr

Vormittag

______ Uhr

Morgen

______ Uhr

 ISBN 3-425-02283-0



Volle Stunden auf Analoguhren ablesen, beide Uhrzeiten schreiben; passende Uhrzeit zu vorgegebener Tageszeit aufschreiben.

**1 .....** Trage den kleinen Zeiger ein.

Diesterweg ISBN 3-425-02283-0

Uhrzeiten auf einer Uhr einstellen, kleinen Uhrzeiger passend einzeichnen.

**1 .....** Trage eine passende Uhrzeit ein. Schreibe die Uhrzeit auf.

Vormittag

_____ Uhr

Morgen

_____ Uhr

Mitternacht

_____ Uhr

Mittag

_____ Uhr

Abend

_____ Uhr

Nacht

_____ Uhr

Nachmittag

_____ Uhr

Nacht

_____ Uhr

**2 .....** Welche Wochentage fehlen? Trage ein.

| | | | | |
|---|---|---|---|---|
| a) | Montag | | | Donnerstag |
| b) | Freitag | | | Montag |
| c) | Mittwoch | | | |
| d) | | Dienstag | | |
| e) | | | | Mittwoch |

© Diesterweg ISBN 3-425-02283-0



Tageszeit und Uhrzeit zuordnen, passende Uhrzeit eintragen; fehlende Wochentage eintragen.

**1 .....** Trage die fehlenden Tage ein.

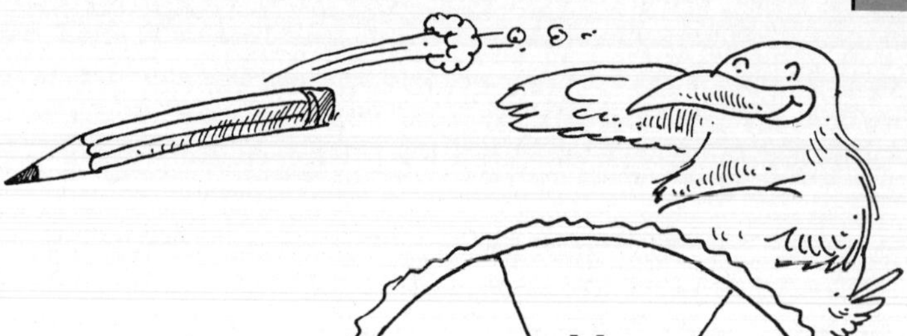

a) Heute ist Sonntag.

Gestern war ______________

Vorgestern war ______________

Morgen ist ______________

Übermorgen ist ______________

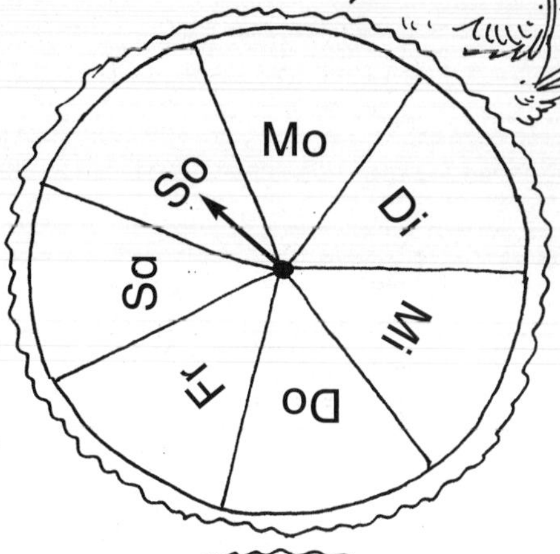


b) Heute ist Mittwoch.

Morgen ist ______________

Übermorgen ist ______________

In drei Tagen ist ______________

In sieben Tagen ist ______________

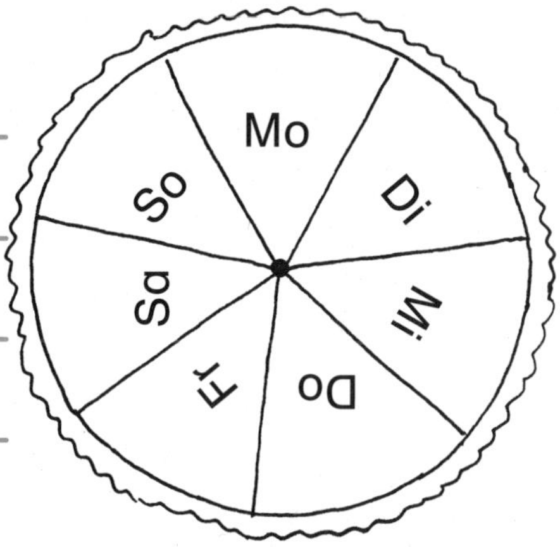


c) Morgen ist Dienstag.

Heute ist ______________

Gestern war ______________

In drei Tagen ist ______________

Vor sieben Tagen war ______________

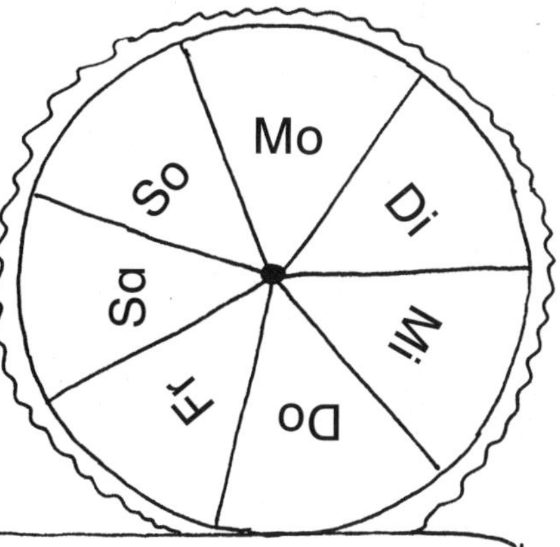


| | | |
|---|---|---|
| Mo–Fr | 6 Uhr | – 18 Uhr |
| Sa | 6 Uhr | – 13 Uhr |
| So | 9 Uhr | – 11 Uhr |

**2 .....** Wann hat die Bäckerei geöffnet?

Am Samstag von ________ Uhr bis ________ Uhr.

Am Sonntag von ________ Uhr bis ________ Uhr.

Am Mittwoch von ________ Uhr bis ________ Uhr.

© Diesterweg ISBN 3-425-02283-0

Fehlende Wochentage eintragen; Öffnungszeiten ablesen und eintragen.

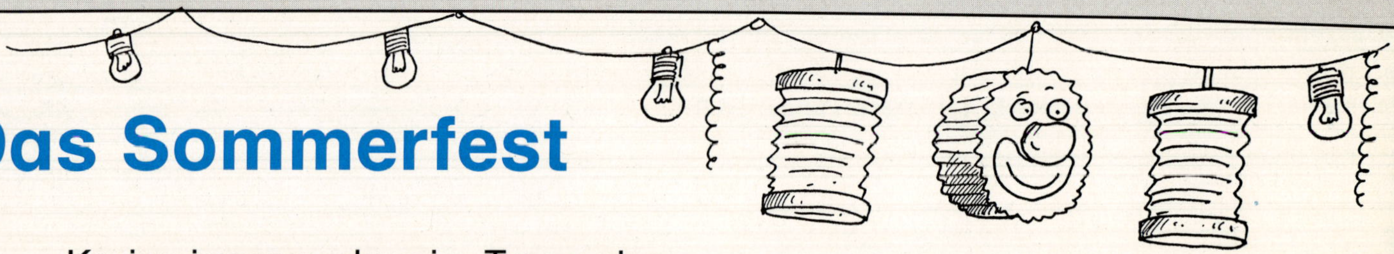

# Das Sommerfest

**1 .....** Kreise immer zehn ein. Trage ein.

| Z | E |
|---|---|
| | |

___ Wespen

| Z | E |
|---|---|
| | |

___ Gläser

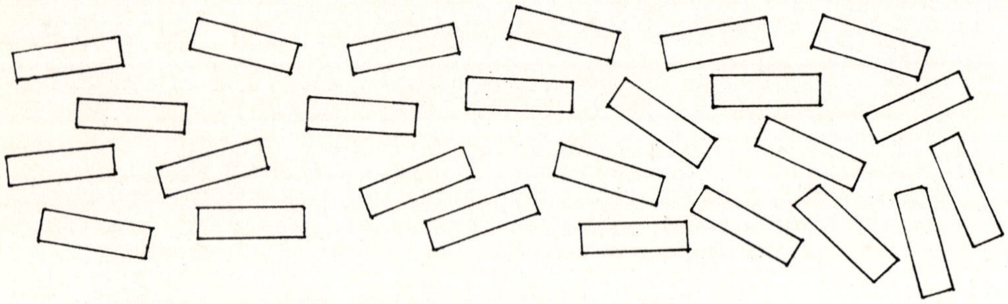

| Z | E |
|---|---|
| | |

___ Rechtecke

**2 .....** Male selbst. Kreise immer zehn ein.

| Z | E |
|---|---|
| 2 | 0 |

20 Dreiecke

| Z | E |
|---|---|
| 3 | 0 |

30 Kreise

© Diesterweg ISBN 3-425-02283-0



Zehnerbündelung üben, immer zehn einkreisen, Anzahl in die Stellentafel eintragen; selbst malen und einkreisen.

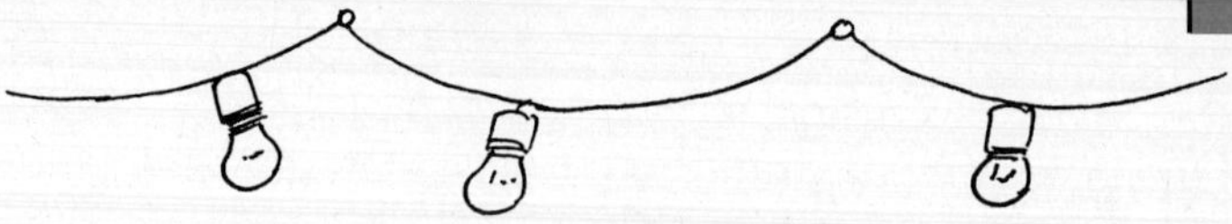

**1 .....** Mache eine Strichliste. Trage ein.

___ Zehner ___ Einer

| Z | E |
|---|---|
| | |

___

___ Zehner ___ Einer

| Z | E |
|---|---|
| | |

___

**2 .....** Zähle in Zehnerschritten. Trage ein.

| | | | | | | | | | |
|---|---|---|---|---|---|---|---|---|---|
| 10 | | | | | | | | | 100 |

**3 .....** Rechne. Setze fort.

| | | |
|---|---|---|
| 10 + ___ = 20 | 20 + ___ = 30 | 100 – 0 = ___ |
| 10 + ___ = 30 | 20 + ___ = 40 | 100 – 100 = ___ |
| 10 + ___ = 40 | 20 + ___ = ___ | 90 – 0 = ___ |
| ___ + ___ = 50 | ___ + ___ = ___ | 90 – 90 = ___ |

**4 .....** Finde Aufgaben.

| 50 | |
|---|---|
| 10 | 40 |
| | |
| | |

| 20 | |
|---|---|
| | |
| | |
| | |

| 70 | |
|---|---|
| | |
| | |
| | |

 ISBN 3-425-02283-0

Strichliste zu vorgegebenen Anzahlen anlegen, in die Stellentafel eintragen; in Zehnerschritten bis 100 zählen; Additions- und Subtraktionsaufgaben mit Zehnerzahlen lösen; Zerlegungshäuser ausfüllen.

**1 .....** Schreibe und rechne.

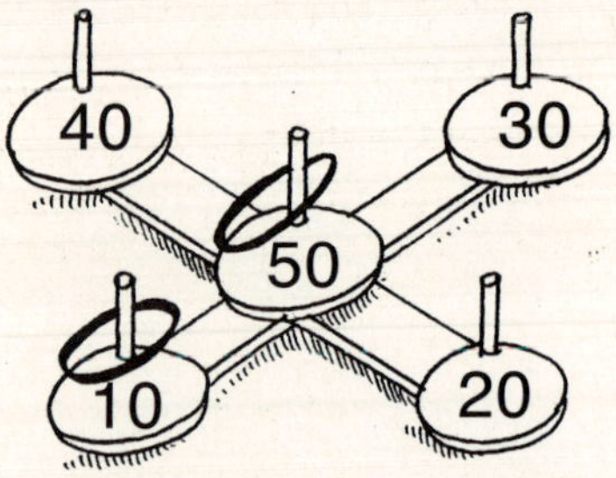


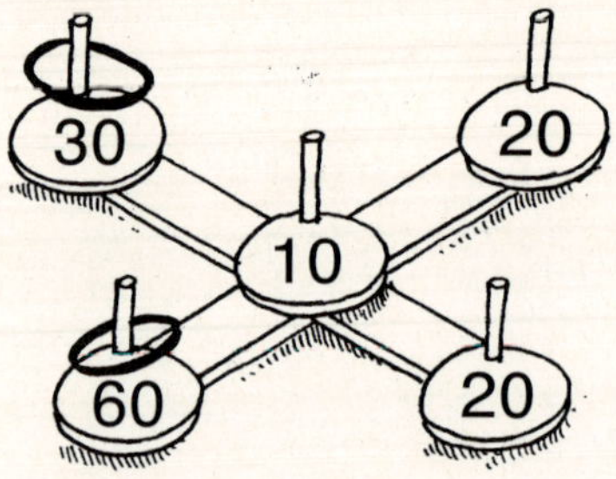


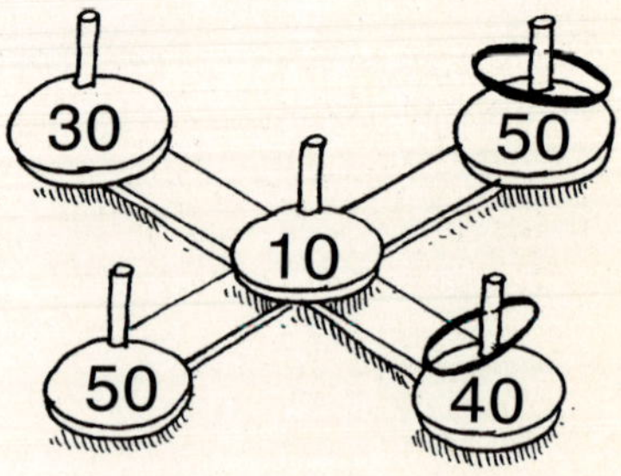


___ + ___ = ___  ___ + ___ = ___  ___ + ___ = ___

**2 .....** Rechne. Trage ein.

| | | |
|---|---|---|
| 10 + 20 = ___ | 10 + 30 = ___ | 10 + 40 = ___ |
| 20 + 20 = ___ | 20 + 30 = ___ | 20 + 40 = ___ |
| 30 + 20 = ___ | 30 + 30 = ___ | 30 + 40 = ___ |
| 40 + 20 = ___ | 40 + 30 = ___ | 40 + 40 = ___ |

**3 .....** Zähle in Zehnerschritten rückwärts. Trage ein.

| | | | | | | | | | |
|---|---|---|---|---|---|---|---|---|---|
| 100 | | | | | | | | | 10 |

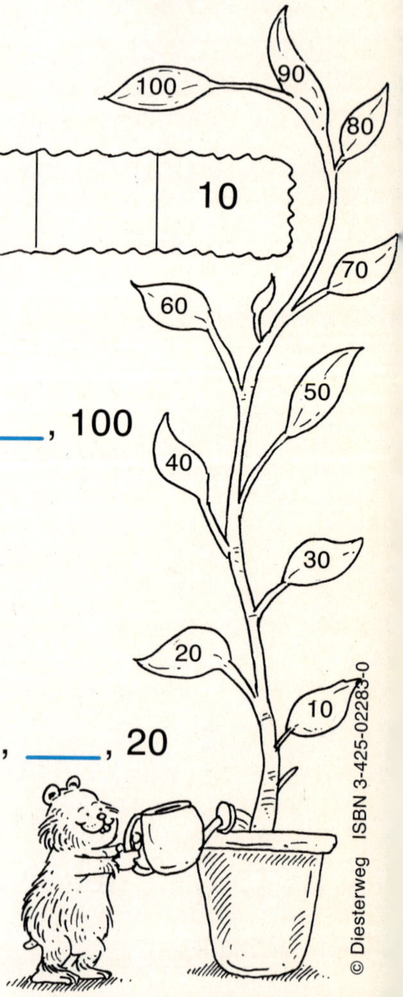


**4 .....** Finde die Regel. Trage die fehlenden Zahlen ein.

Regel [+ 10] 20, 30, 40, ___, ___, ___, ___, ___, 100

Regel [ ] 10, 30, ___, ___, 90

Regel [ ] 0, 20, ___, ___, ___, 100

Regel [ ] 100, 90, ___, ___, ___, ___, ___, ___, 20

Regel [ ] 90, 70, ___, ___,10

Regel [ ] 100, 80, ___, ___, ___, 0

 ISBN 3-425-02283-0



Aufgaben erkennen und schreiben; Zehnerzahlen addieren; rückwärts in Zehnerschritten zählen; Regeln für Zahlenfolgen finden, Folgen ergänzen.

**1 .....** Schreibe und rechne.

100 – ____ = ____ ____ – ____ = ____ ____ – ____ = ____

**2 .....** Rechne.

50 – 50 = ____ 70 – 60 = ____ 80 – 20 = ____

40 – 40 = ____ 60 – 50 = ____ 70 – 20 = ____

30 – 30 = ____ 50 – 40 = ____ 60 – 20 = ____

**3 .....** Rechne.

8 + 1 = ____ 10 – 3 = ____ 4 + 3 = ____

80 + 10 = ____ 100 – 30 = ____ 40 + 30 = ____

7 + 2 = ____ 5 – 2 = ____ 9 – 6 = ____

70 + 20 = ____ 50 – 20 = ____ 90 – 60 = ____

**4 .....** Färbe die Kästchen.

rot: 5, 15, 16, 25, 26, 27, 35, 36, 37, 38, 45, 46, 47, 48, 49

gelb: 52, 53, 54, 55, 56, 57, 58, 59, 63, 64, 65, 66, 67, 68, 74, 75, 76, 77

blau: 71, 72, 73, 78, 79, 80, 81, 82, 83, 84, 85, 86, 87, 88, 89, 90, 91, 92, 93, 94, 95, 96, 97, 98, 99, 100

| | | | | | | | | | |
|---|---|---|---|---|---|---|---|---|---|
| 1 | 2 | 3 | 4 | 5 | 6 | 7 | 8 | 9 | 10 |
| 11 | 12 | 13 | 14 | 15 | 16 | 17 | 18 | 19 | 20 |
| 21 | 22 | 23 | 24 | 25 | 26 | 27 | 28 | 29 | 30 |
| 31 | 32 | 33 | 34 | 35 | 36 | 37 | 38 | 39 | 40 |
| 41 | 42 | 43 | 44 | 45 | 46 | 47 | 48 | 49 | 50 |
| 51 | 52 | 53 | 54 | 55 | 56 | 57 | 58 | 59 | 60 |
| 61 | 62 | 63 | 64 | 65 | 66 | 67 | 68 | 69 | 70 |
| 71 | 72 | 73 | 74 | 75 | 76 | 77 | 78 | 79 | 80 |
| 81 | 82 | 83 | 84 | 85 | 86 | 87 | 88 | 89 | 90 |
| 91 | 92 | 93 | 94 | 95 | 96 | 97 | 98 | 99 | 100 |

 ISBN 3-425-02283-0

Aufgaben erkennen und schreiben; Zehnerzahlen subtrahieren; Analogieaufgaben lösen; nach Vorschrift färben.